INITIALEN

Emmelie Öden
geboren 1991, absolvierte ihren *Bachelor of Arts*
an der Johannes Gutenberg-Universität
Mainz mit der Fächerwahl Buchwissenschaft
und Komparatistik. Damit Wissenschaft
nicht zum Selbstzweck wird, bindet sie gerne
gesamtgesellschaftlich relevante Themen in ihre
Forschung ein. Dies konnte sie auch in ihrer
Abschlussarbeit *Rechte Verlage in Deutschland
2016. Eine Bestandsaufnahme* umsetzen. Derzeit
ist sie im 2. Semester ihres Master-Studiums in
Weltliteratur, bei dem der Schwerpunkt erneut auf
der Buchwissenschaft liegt. Praktische Erfahrungen
sammelte sie unter anderem in der Stiftung Lesung
im Bereich Kommunikation & PR.

Emmelie Öden

Rechtsextreme Verlage in Deutschland

Eine aktuelle Bestandsaufnahme

© 2017 Mainzer Buchwissenschaft

Gesetzt aus Minion Pro und Myriad Pro
in der Lehrdruckerei der Mainzer Buchwissenschaft
von Owena Reinke

unter Mitarbeit von Monique Hildenbeutel

ISBN 978-3-945883-57-0

Auch als EPUB (ISBN 978-3-945883-58-7)
und PDF (ISBN 978-3-945883-59-4) erhältlich.

INHALT

GELEITWORT

Die juristische Aufarbeitung der durch den sogenannten Nationalsozialistischen Untergrund (NSU) begangenen Straftaten findet ein breites Echo in der deutschen Medienlandschaft. Während der Rechtsterrorismus große Aufmerksamkeit auf sich zieht und auch Parteien und Organisationen thematisiert werden, wird Rechtsextremismus als Teil der Alltagskultur – zum Beispiel bezogen auf Musik, Film oder Literatur – deutlich weniger öffentlich thematisiert.

In der buchwissenschaftlichen Forschung und insbesondere in der Buchhandelsgeschichte sind verschiedentlich Studien zu politischen Verlagen erarbeitet worden. Während die historische Perspektive recht gut abgedeckt ist, liegen für die jüngste Geschichte und Gegenwart maßgeblich Untersuchungen zu politisch linken Verlagen vor, Informationen zu rechten bzw. rechtsextremen Verlagen finden sich hingegen eher in angrenzenden Disziplinen und entsprechend auch nicht mit dem Fokus auf Bücher, Buchverlage und Buchhandel. Emmelie Öden ist es gelungen, dieses Defizit mit der vorliegenden Analyse zu beseitigen.

Die Autorin liefert eine Momentaufnahme rechtsextremer Buchverlage in Deutschland, die sie in die übrige Publizistik der extremen Rechten einordnet. Nach einer Kategorisierung der einschlägigen Verlage analysiert sie die zugehörigen Unternehmen detailliert. Die dabei aufscheinende thematische Bandbreite der Publikationen spiegelt zum Teil auch die verschiedenen Strömungen der extremen Rechten, zeigt aber auch, dass selbst kleine Zielgruppen mit entsprechenden Nischentiteln versorgt werden können. Darüber hinaus wird die Funktion der Verlage bei der Bildung bzw. der Erhaltung von einschlägigen

Netzwerken deutlich sowie die – sonst in der Buchbranche nicht in dem Maße vorliegende – Verzahnung der Unternehmen untereinander.

Über rechtsextremistische Zielgruppen hinaus richten sich die Publikationen rechtsextremer Verlage durchaus auch an die gesamte Gesellschaft und können eine Scharnierfunktion übernehmen. Diese kommt insbesondere dann zum Tragen, wenn die eigentlich vom traditionellen Buchhandel quasi in einer Parallelbranche getrennt gehandelten Bücher mit rechtsextremen Inhalten in die traditionellen Vertriebswege eingespeist werden, wo diese gleichrangig neben nicht-extremistischen Büchern stehen und so weitere Rezipienten erreichen können.

Die vorliegende Studie gibt einen ersten Überblick über rechtsextreme Verlage in Deutschland und stellt damit eine solide Grundlage für die weitere buchwissenschaftlichen Aufarbeitung eines bisher vielfach unterhalb des Radars agierenden Teils der Buchbranche dar.

Anke Vogel
im Juni 2017

1 EINLEITUNG

Es gibt Themen, die als eine Art mediale Dauerbrenner immer wieder ihren Weg in die Öffentlichkeit der Bundesrepublik Deutschland finden. Rechtsextreme Bewegungen und Einstellungsmuster können als solche betrachtet werden. Mit Blick auf die faschistische Vergangenheit in vielen Teilen Europas und den zunehmenden Rechtsruck zu Beginn des 21. Jahrhunderts wird die Aufmerksamkeit für die Gefahr durch völkische, auf dem Credo der Ungleichheit beruhende Ideologien nicht gemindert. Dass es sich dabei nicht um ein rein sozialwissenschaftliches Phänomen handelt, wird deutlich, wenn auf die gesamtgesellschaftliche Relevanz geblickt wird – denn Rechtsextreme agieren nicht nur im politischen oder sozialen Bereich. In diesem Sinne betrifft das auch die Buchbranche: Vorfälle wie die im Frühjahr 2016 angekündigte unkommentierte *Mein Kampf*-Ausgabe des neonazistischen Verlegers Adrian Preißinger können auch vom Börsenblatt nicht ignoriert werden.[1] Damit wird deutlich: Rechtsextremismus ist auch Gegenstand der Medienwissenschaft. Diesem Problem widmet sich die vorliegende Untersuchung. Dabei wird das Thema aufgrund der spezifisch buchwissenschaftlichen Perspektive weiter eingegrenzt von Medien der extremen Rechten auf Buchverlage der extremen Rechten. Mit dieser Untersuchung soll eine Grundlage geschaffen werden, die sich in einer Bestandsaufnahme rechtsextremer Verlage ausdrückt. Die Forschungsfrage lautet entsprechend: Welche rechtsextremen Buchverlage bestehen aktuell in der Bundesrepublik Deutschland und wodurch zeichnen sie sich aus?

---

1   Vgl. Frisch aus dem Netz. boersenblatt.net-Medienlese mit Links für die Buchbranche. In: boersenblatt.net. 27.05.2016. URL: http://www.boersenblatt.net/artikel-boersenblatt.net-medienlese_mit_links_fuer_die_buchbranche.1150307.html [22.05.2017].

Der medialen Vernetzung von Rechtsextremen widmet sich insbesondere der Politologe Thomas Pfeiffer in zahlreichen Publikationen. Dabei werden jedoch Printmedien vernachlässigt[2] oder der Fokus liegt auf lediglich einer Strömung des Rechtsextremismus, der Neuen Rechten.[3] Zudem stehen anstelle von Büchern und damit Buchverlagen häufig Periodika im Fokus: Neben Pfeiffer ist dies außerdem beim Rechtsextremismus-Experten und Journalisten Anton Maegerle der Fall.[4] Das besondere Interesse an Zeitungen und Zeitschriften zeigt sich auch in einer Studie der Politikwissenschaftlerin Astrid Lange über Umfang und Formen rechtsextremer Zeitschriften[5] sowie in zahlreichen Veröffentlichungen zur neurechten Wochenzeitschrift *Junge Freiheit*.[6] Daneben finden Printmedien und Medien allgemein Erwähnung in Überblicken zum organisierten Rechtsextremismus wie Armin Pfahl-Traughbers *Rechtsextremismus in der Bundesrepublik*[7] oder *Rechtsextremismus* von Samuel Salzborn.[8] Als Nachschlagewerke für rechtsextreme Organisation insgesamt und somit auch für Medien und Verlage im speziellen existieren die Bände *Handbuch Rechtsradikalismus*[9] und *Handbuch deutscher Rechtsextremismus*.[10] Hierin finden sich neben überblickenden und spezifischen Beiträgen jeweils Nachschlageteile mit steckbriefartiger Darstellung diverser Medienunternehmen. Eine detailliertere Betrachtung eines rechtsextremen Verlags bildet der Sammelband *Im Dienste der Lügen*[11]

2 Vgl. Pfeiffer, Thomas: Für Volk und Vaterland. Das Mediennetz der Rechten. Presse, Musik, Internet. Berlin: Aufbau 2002.

3 Vgl. Ders.: Rechtsextremismus light? Entwicklung, Merkmale und Publizistik der Neuen Rechten in Deutschland. In: Die neuen Verführer? Rechtspopulismus und Rechtsextremismus in den Medien. Dokumentation der 22. Tutzinger Medientage 2003. Hrsg. von Annette Birschel, Claudia Cippitelli und Axel Schwanebeck. München: Fischer 2004, S. 147–190.

4 Maegerle, Anton: Blätter gegen Zeitgeist und Dekadenz. Profile und Beziehungen neurechter Periodika an Beispielen. In: Die neue Rechte – eine Gefahr für die Demokratie? Hrsg. von Wolfgang Gessenharter und Thomas Pfeiffer. Wiesbaden: VS Verlag für Sozialwissenschaften 2004, S. 199–209.

5 Lange, Astrid: Was die Rechten lesen. Fünfzig rechtsextreme Zeitschriften. Ziele, Inhalte, Taktik (Beck'sche Reihe 1014). München: C. H. Beck 1993.

6 Etwa Die Wochenzeitung »Junge Freiheit«. Kritische Analysen zu Programmatik, Inhalten, Autoren und Kunden. Hrsg. von Stephan Braun. Wiesbaden: VS Verlag für Sozialwissenschaften 2007.

7 Pfahl-Traughber, Armin: Rechtsextremismus in der Bundesrepublik (Beck'sche Reihe: 2112 C. H. Beck Wissen). 2. akt. Aufl. München: C. H. Beck 2006.

8 Salzborn, Samuel: Rechtsextremismus. Erscheinungsformen und Erklärungsansätze. Baden-Baden: Nomos 2014.

9 Handbuch Rechtsradikalismus. Personen, Organisationen, Netzwerke vom Neonazismus bis in die Mitte der Gesellschaft. Hrsg. von Thomas Grumke. Opladen: Leske + Budrich 2002.

10 Handbuch deutscher Rechtsextremismus (Antifa Edition). Hrsg. von Jens Mecklenburg. Berlin: Elefanten-Press 1996.

11 Im Dienste der Lügen. Herbert Grabert (1901–1978) und seine Verlage. Aschaffenburg: Alibri 2004.

über den Verleger Herbert Grabert, der jedoch lediglich einen Beitrag aufweist, der sich explizit mit dem Grabert Verlag selbst auseinandersetzt.[12] Darüber hinaus widmet Maegerle sich in *Rechtsextreme Publikationsorgane und -strategien* genauer baden-württembergischen Verlagen,[13] und Anna Hunger untersucht in einer weiteren Einzelstudie die Rechtslastigkeit des Kopp Verlags in *Gut vernetzt. Der Kopp-Verlag und die schillernde rechte Publizistenszene.*[14] Bis auf Hungers Aufsatz kann jedoch über alle Veröffentlichungen, die sich spezifisch mit Buchverlagen auseinandersetzen, gesagt werden, dass die darin enthaltenen Informationen größtenteils veraltet sind, da gerade Organisationen sozialer Bewegungen einem ständigen Wandel unterliegen. Insbesondere ist hier auf den Gebrauch Neuer Medien hinzuweisen, der in den genannten Publikationen – mit Ausnahme von Hungers Beitrag – kaum Beachtung findet (und auch nicht kann, wenn sie vor der Etablierung der Neuen Medien verfasst wurden). Konkret lässt sich dies etwa daran erkennen, dass die Webpräsenzen rechtsextremer Verlage kaum Erwähnung in der Literatur finden. Darüber hinaus unterliegen die Betrachtungen stets einer sozialwissenschaftlichen Perspektive, das heißt, sie untersuchen die Verlage und andere publizistische Strukturen als Organisationen einer politischen Szene und nicht – wie dies aus medien- bzw. buchwissenschaftlicher Perspektive der Fall ist – als politische Akteure innerhalb der gesamten Medienbranche.

Aus der Vernachlässigung rechtsextremer Buchverlage in der Forschung, den zumeist überholten Betrachtungen sowie einer fehlenden medienwissenschaftlichen Perspektive ergibt sich das Ziel dieser Ausarbeitung: eine breite Bestandsaufnahme rechtsextremer Verlage, in der die inhaltliche Ausrichtung und das mediale Auftreten der Verlage skizziert wird. In Korrelation mit dem Stand der Forschung bildet diese Auswertung eine auf Aktualität abzielende Grundlage für Untersuchungen über rechtsextreme Verlage.

Der Bestandsaufnahme als Schwerpunkt dieser Ausarbeitung wird eine grundlegende Klärung des Begriffs *Rechtsextremismus* und der Struktur der

---

12 Wetzel, Juliane: Der Geschichtsrevisionismus und der *Grabert-Verlag*. In: Im Dienste der Lügen. Herbert Grabert (1901–1978) und seine Verlage. Aschaffenburg: Alibri 2004, S. 142–154.

13 Maegerle, Anton: Rechtsextreme Publikationsorgane und -strategien: Verlage, Antiquariate, Zeitschriften und Internet. In: Rechtsextremismus in Baden-Württemberg. Verborgene Strukturen der Rechten. Hrsg. von Thomas Fliege und Kurt Möller. Freiburg: Belchen 2001, S. 85–101.

14 Hunger, Anna: Gut vernetzt. Der Kopp-Verlag und die schillernde rechte Publizistenszene. In: Strategien der extremen Rechten. Hintergründe – Analysen – Antworten. Hrsg. von Stephan Braun, Alexander Geisler und Martin Gerster. 2. akt. u. erw. Aufl. Wiesbaden: Springer 2016, S. 425–437.

rechtsextremen Bewegung vorangestellt. Der Orientierung dienen sollen zudem Erläuterungen zur rechtsextremen publizistischen Landschaft insgesamt, ihrer Funktionen, Erscheinungsformen und Distributionswege. Die Bestandsaufnahme selbst wurde anhand der Durchsicht der Verlagswebsites (sofern vorhanden) vorgenommen und ergänzt durch Forschungsliteratur und einschlägige Quellen wie z.B. die Website *blick nach rechts* oder die Zeitschrift *der rechte rand*, welche aus antifaschistischer Sicht über rechtsextreme Aktivitäten berichten. Die im Anhang befindlichen Tabellen (S. 68–71) liefern zudem komprimierte Informationen zu den Verlagen.

2 DIE EXTREME RECHTE: BEGRIFFE UND ERSCHEINUNGSFORMEN

2.1 Begriffsverständnis Rechtsextremismus

Für die Bestandsaufnahme unumgänglich ist ein klares Verständnis des Begriffs *Rechtsextremismus,* sodass der Gefahr einer willkürlichen Auswahl von Verlagen entgegengewirkt wird. Zunächst sei grundsätzlich auf die Auswahl des Begriffs Rechtsextremismus verwiesen, welcher nachfolgend etwa dem des Rechtsradikalismus vorgezogen wird. Während letzterer teilweise als eine gemäßigte Variante der extremen Rechten verstanden wird,[15] unterliegt die Verwendung von Rechtsextremismus eher einem Konsens in der Forschung und kann »als Sammelbezeichnung«[16] verwendet werden. Laut Salzborn liegt die Stärke insbesondere in seinem »Integrationspotential«, »politische Strömungen von gewalttätigen Neonazis bis hin zu völkischen Gruppierungen [...] zu erfassen, ohne dabei deren Unterschiede« zu nivellieren.[17] Hinzu kommt, dass mit Extremismus (von lateinisch *extremus:* das Äußerste) eine Steigerung von Werten und Ideologien angedeutet wird, während Radikalismus (von lateinisch *radix:* die Wurzel) eine neue Organisation von Grund auf meint. Zum einen trifft letzteres auf faschistische/faschistoide Bewegungen nicht zu,[18] zum anderen wirkt der Extremismusbegriff der Vorstellung einer übergangslosen, isolierten Ideologie entgegen, was der tatsächlichen Situation eines fließenden Übergangs von konservativ bis militant

---

15 Vgl. etwa Braun, Stephan/Geisler, Alexander/Gerster, Martin: Strategien der extremen Rechten. Einleitende Betrachtungen. In: Strategien der extremen Rechten. Hintergründe – Analysen – Antworten. Hrsg. von dens. 2. akt. u. erw. Aufl. Wiesbaden: Springer 2016, S. 11–35, hier S. 23.

16 Salzborn: Rechtsextremismus, S. 16f.

17 Ebd.

18 Vgl. hierzu ausführlich: Kühnl, Reinhard: Gefahr von rechts. Vergangenheit und Gegenwart der extremen Rechten. 2. Aufl. Heilbronn: Distel 1991, S. 27f.

neonazistisch gerecht wird. In dieser Untersuchung spreche ich deshalb von Rechtsextremismus und verwende die Begriffe extreme Rechte, rechtsextrem und extrem rechts synonym.

Wie aber äußert sich Rechtsextremismus? Das Bundesamt für Verfassungsschutz, d. h. seine wissenschaftlichen Mitarbeiter, stellen die Verfassungsfeindlichkeit in den Mittelpunkt einer Definition.[19] Davon grenzt sich das hier erarbeitete Rechtsextremismus-Verständnis ab, da das amtliche Verständnis, so Salzborn, »ein eingeschränktes und wissenschaftlich verkürztes« ist: Problematisch ist neben der Vernachlässigung ideologischer Gesichtspunkte, dass einige Erscheinungsformen des Rechtsextremismus »nicht berücksichtigt werden.«[20] Mit dieser Abgrenzung wird die allgemeine Schwierigkeit einer Definition indes nicht gemindert, sodass eine eindeutige und widerspruchslose Bestimmung – wie bei anderen sozialwissenschaftlichen Phänomenen auch – nicht möglich ist. Vielmehr bezeichnet Rechtsextremismus, verstanden als Sammelbezeichnung, nach Hans-Gerd Jaschke eine »Gesamtheit von Einstellungen, Verhaltensweisen und Aktionen«.[21] Diese Einstellungen sollen an dieser Stelle zusammengetragen und erläutert werden. Um als rechtsextrem gelten zu können, muss jedoch nicht jedes der folgenden Elemente zutreffen, sondern es müssen »lediglich wesentliche Grundstrukturen geteilt werden [...] – die nicht immer dieselben sind«.[22] Rechtsextremismus ist also »kein in sich geschlossenes Ideengebäude«,[23] so Frank Decker und Marcel Lewandowsky, was wiederum sowohl die einzelnen Spektren an sich sowie die fließenden Übergänge untereinander betont und verständlich macht.

Als programmatische Basis und Kernmerkmal des Rechtsextremismus kann die Ideologie der Ungleichheit der Menschen verstanden werden.[24] Dahinter steht die Ablehnung des Gleichheitspostulats der Französischen Revolution, welches als die menschenrechtliche Grundlage der heutigen

19   Vgl. etwa Pfahl-Traughber, Armin: Rechtsextremismus. Eine kritische Bestandsaufnahme nach der Wiedervereinigung (Schriftenreihe Extremismus & Demokratie 5). Bonn: Bouvier 1995.

20   Salzborn: Rechtsextremismus, S. 53.

21   Jaschke, Hans-Gerd: Rechtsextremismus und Fremdenfeindlichkeit. Begriffe, Positionen, Praxisfelder. Wiesbaden: Westdeutscher Verlag 2001, S. 31.

22   Salzborn: Rechtsextremismus, S. 19f.

23   Decker, Frank/Lewandowsky, Marcel: Rechtspopulismus als (neue) Strategie der politischen Rechten. Bonn: Online-Akademie Friedrich-Ebert-Stiftung 2010. Abrufbar unter URL: http://library. fes.de/pdf-files/akademie/online/08320.pdf [22.05.2017], S. 5.

24   Vgl. Decker/Lewandowsky: Rechtspopulismus als (neue) Strategie der politischen Rechten, S. 5.

westlichen Länder angesehen wird.[25] Als ungleich werden somit nicht die eigentlichen Individuen betrachtet, sondern vielmehr im allgemeinen die Ethnie, Rasse oder das Volk. Letzteres wird hierbei entgegen einer soziologischen Auffassung »als ›unentrinnbare Schicksalsgemeinschaft‹ wahrgenommen, über die die Volkszugehörigen ihre völkisch-kulturelle und nationale Identität erfahren.«[26] Wird aus der Vorstellung einer Ungleichheit eine Ungleichwertigkeit, ist die Diskriminierung (vermeintlicher) Minderheiten die Folge. Als Konsequenz eines völkisch-rassistischen Denkens entsteht laut Fröchling die Forderung nach einer »homogenen Volksgemeinschaft, in der das Gemeinwohl prinzipiell feststeht«, weshalb eine pluralistische Gesellschaft als »bedrohendes Chaos« abgelehnt wird.[27] Diese Gemeinschaft soll sich schließlich in einer Nation manifestieren, die als das (antipluralistische und somit autoritäre) verstaatlichte Ergebnis eines zusammenhaltenden Volkes verstanden wird. Insofern basiert Rechtsextremismus, wie Salzborn formuliert, »immer auf geopolitischen und raumordnenden Elementen, weil Volk und Raum zusammengedacht werden«, indem das Volk »als Kollektiv an einen existenzialistisch verstandenen (Siedlungs-)Raum fixiert ist.«[28] Sinn einer homogenen Volksgemeinschaft soll die biologisch »unvermischte Reinheit«[29] des Volkes sein, welche notwendig für seine Überlegenheit sei. Die damit verbundene Hierarchie der Völker und Rassen setzt ein sozialdarwinistisches Weltbild voraus, in dem im Rahmen einer biologistischen Ordnung der Stärkere über den Schwächeren triumphiert.[30] Vorstellungstypen wie Volk, Nation und Rasse treten hierbei »meist nicht so deutlich getrennt« auf, sondern werden ineinander verwoben, sodass »ein diffuses Gefühl der Zugehörigkeit zu einer besonderen Abstammungsgemeinschaft« entsteht.[31]

Während die politischen Vorstellungen der extremen Rechten klar von Totalitarismus, Zentralismus und einem Führerprinzip geprägt sind,[32] findet der wirtschaftliche Sektor gemeinhin nur wenig Aufmerksamkeit. Mit

---

25   Vgl. Fröchling, Helmut: Die ideologischen Grundlagen des Rechtsextremismus. Grundstrukturen rechtsextremer Weltanschauung. Politischer Stil, Strategien und Methoden rechtsextremer Propaganda. In: Handbuch deutscher Rechtsextremismus (Antifa Edition). Hrsg. von Jens Mecklenburg. Berlin: Elefanten-Press 1996, S. 84–123, hier S. 88.

26   Fröchling: Die ideologischen Grundlagen des Rechtsextremismus, S. 93.

27   Ebd., S. 90f.

28   Salzborn: Rechtsextremismus, S. 23.

29   Fröchling: Die ideologischen Grundlagen des Rechtsextremismus, S. 94.

30   Vgl. Decker/Lewandowsky: Rechtspopulismus als (neue) Strategie der politischen Rechten, S. 5.

31   Fröchling: Die ideologischen Grundlagen des Rechtsextremismus, S. 95.

32   Vgl. Häusler, Alexander: Rechtspopulismus als Stilmittel zur Modernisierung der extremen Rechten. In: Rechtspopulismus als »Bürgerbewegung«. Kampagnen gegen Islam und Moscheebau und

seinem Aufsatz *Wirtschaftspolitik und die extreme Rechte* schließt Ralf Ptak diese Forschungslücke.[33] Obzwar für die extreme Rechte »die Ökonomie von untergeordneter Bedeutung ist«,[34] stellt er fest, dass sie weithin den Kurs des Neoliberalismus übernimmt, »um im Plädoyer für Wettbewerb und Markt Elitedenken, Sozialdarwinismus, Demokratie- und Gewerkschaftsfeindlichkeit zu platzieren.«[35] Zugleich entdeckt er Parallelen und »Schnittstellen zwischen neoliberaler Theorie und rechtsextremer Ideologie«, etwa bezüglich eines kulturell determinierten Rassismus, der der »kulturellen Evolution« der Gesellschaft nach dem Neoliberalismus-Vertreter Friedrich August von Hayek (1899–1992) entspräche.[36] Mit Fröchling kann ergänzt werden, dass die extreme Rechte zwar auf die bestehende (neoliberale) Ordnung zurückgreift, Ökonomie dabei jedoch »stärker unter nationalisierendem, ›wohlstandschauvinistischem‹ Blickwinkel betrachtet«. Diese Ausführungen verdeutlichen auch die Feindschaft des Rechtsextremismus gegenüber dem Sozialismus, der wirtschaftlich als mit dem Neoliberalismus unvereinbar gelten darf. Zudem waren und sind Anarchisten, Gewerkschafter und Kommunisten »bevorzugte Adressaten rechtsextremer Agitation«.[37]

Vernachlässigt wird in der Forschung auch die Diskriminierung, Be- oder Abwertung anderer Gruppen nach nicht-völkischen Kriterien. Hierauf lässt sich das Credo der Ungleichheit und Ungleichwertigkeit jedoch genauso anwenden: so etwa im Hinblick auf geschlechtliche, altersbedingte, sexuelle und körperliche Unterschiede, woraus sich weitere Betätigungsfelder bzw. Positionen der extremen Rechten ergeben, wie z. B. reaktionäre Familienkonzepte, Homophobie oder Behindertenfeindlichkeit.

---

kommunale Gegenstrategien. Hrsg. von dems. Wiesbaden: VS Verlag für Sozialwissenschaften 2008, S. 37–51, hier S. 43.

33 Ptak, Ralf: Wirtschaftspolitik und die extreme Rechte. Betrachtungen zu einer wenig behandelten Frage. In: Handbuch deutscher Rechtsextremismus (Antifa Edition). Hrsg. von Jens Mecklenburg. Berlin: Elefanten-Press 1996, S. 901–922.

34 Ebd., S. 903.

35 Ebd., S. 910.

36 Ebd., S. 908.

37 Fröchling: Die ideologischen Grundlagen des Rechtsextremismus, S. 91. An dieser Stelle sei auch einmal auf die Eigenbezeichnung National*sozialismus* hingewiesen, dessen historische wie aktuelle Ausformungen mit dem Sozialismusbegriff nichts zu tun haben und dadurch tatsächliche sozialistische Bewegungen diskreditieren. Aufgrund dieser – politisch intendierten – Begriffswischerei wird in dieser Arbeit versucht, auf den irreführenden und unwissenschaftlichen Begriff Nationalsozialismus weitgehend zu verzichten.

2.2 Strömungen der extremen Rechten

Wie im vorangegangenen Kapitel angeführt wurde, treffen nicht auf alle rechtsextremen Erscheinungsformen alle dargestellten Ein- und Vorstellungen zu. Diese unterschiedliche Schwerpunktsetzung sowie eine Differenz in der Deutung bestimmter Begriffe führen zu der Entstehung parallel existierender Milieus innerhalb der extremen Rechten. Unterschieden werden muss sowohl im Hinblick auf die Ideologie und auf thematische Schwerpunkte als auch auf die Strategieanwendung. Dabei können die Differenzen sich gegenseitig ausschließen oder ergänzen, weshalb es auch hier wieder Schnittstellen gibt, die Übergänge fließend sind. Obwohl letztendlich keine starre Einteilung von Strömungen vorgenommen werden kann – und auch nicht soll, da dies einer gesellschaftlichen Erscheinung nicht gerecht würde – werden im Folgenden die für diese Arbeit wichtigsten Strömungen und ihre Charakteristika dargestellt.

Neonazismus

Die Vertreter des Neonazismus, Neonazis, kennzeichnen sich durch den offenen positiven Bezug auf das Dritte Reich. Dies kann sowohl in Anlehnung an die Ideologie und Programmatik, als auch an Symbolik und Gruppenverhalten der Fall sein. So stellt Jaschke fest, dass zu den Ausformungen der neonazistischen Ideologie das »Leitbild des politischen Soldaten in der Tradition der SA«[38] und der SS gehört. Pfahl-Traughber ergänzt »eine rassistische Prägung verbunden mit der Aufwertung aller ›Arier‹ und der Abwertung aller ›Nicht-Arier‹ sowie das Streben nach einem ›Führerstaat‹ im Sinne eines auf der ›Volksgemeinschaft‹ gründenden ›Vierten Reiches‹«.[39] Der Neonazismus ist zwar eine militante Strömung des Rechtsextremismus, doch »erschöpft [er] sich nicht in dumpfer Gewalt«, so Jaschke.[40]

Neue Rechte

Die Neue Rechte hat ihren Ursprung in der französischen Organisation GRECE (*Groupement de recherche et d'études pour la civilisation européenne*), deren »theoretischer und organisatorischer Kopf« Alain de Benoist ist, und die als Reaktion auf den Pariser Mai 1968 entstanden ist. In Deutschland wurden die Ideen der *Nouvelle Droite* etwa ab 1980 breiter rezipiert und

---

38 Jaschke: Rechtsextremismus und Fremdenfeindlichkeit, S. 38.
39 Pfahl-Traughber: Rechtsextremismus in der Bundesrepublik, S. 18.
40 Jaschke: Rechtsextremismus und Fremdenfeindlichkeit, S. 39.

es entstand eine deutsche Neue Rechte.[41] Im Wesentlichen können ihre Vertreter als heutige Anhänger der Konservativen Revolution der Weimarer Republik charakterisiert werden. Deren Protagonisten werden laut Salzborn »zurecht als weltanschauliche Vordenker und Wegbereiter des Nationalsozialismus gesehen«, waren diesem zugleich aber »intellektuell überlegen«.[42] Darüber hinaus bezieht die Neue Rechte sich auf Vertreter und Wegbereiter des italienischen Faschismus und auf die sogenannten ›Erbforscher‹.[43] In Anlehnung an das historische Vorbild lassen sich die daraus erwachsenen Strategien in den Schlagworten ›kulturelle Hegemonie‹ und ›politische Mimikry‹ zusammenfassen: Die Neue Rechte will ihre Ideologien in losen Zusammenhängen hegemonial durchsetzen, zielt also darauf ab, »Einstellungen und Werthaltungen auf einer breiten gesellschaftlichen Ebene zu beeinflussen«.[44] Hiermit einher geht ebenfalls eine ›Intellektualisierung‹ der extremen Rechten, die sich nach Salzborn in der »mit Referenzen aus der Geistes- und Ideengeschichte« fundierten Begründung der neurechten völkischen Positionen äußert.[45] Diese intellektuelle Herangehensweise an altbekannte rechte Denkmuster wird im Begriff des *Ethnopluralismus* – einer zentralen Ideologie der Neuen Rechten und zugleich ideologisch ihre einzige (scheinbare) Neuerung – deutlich. Die Theorie zielt auf eine konsequente geopolitische Trennung von Ethnien ab, um deren angeblich angeborenen Eigenarten zu wahren und damit eine ›ethnische Pluralität‹ (die Existenz mehrerer reiner Ethnien) zu gewährleisten.[46] Trotz des Verzichts auf einschlägige Begriffe wie Rasse und Nation entpuppt die Wortschöpfung sich bei genauerem Hinsehen als völkisch-rassistisches Gedankengut in neuem Gewand. Innerhalb der gesamten extremen Rechten nimmt die Neue Rechte die Funktion einer »Elite, damit Ideologieschmiede« an. Trotzdem, so Pfeiffer, sei die Aufmerksamkeit von Verfassungsschutz, Wissenschaft und Medien zurückhaltend.[47]

41 Vgl. Pfahl-Traughber, Armin: Die »Neue Rechte« in Frankreich und Deutschland. Zur Entwicklung einer rechtsextremistischen Intellektuellenszene. In: archive.org. URL: https://web.archive.org/web/20090509035816/http://www.polwiss.fu-berlin.de/fsi/bernie/rrtraughber.htm [22.05.2017].
42 Salzborn: Rechtsextremismus, S. 63.
43 Pfahl-Traughber: Die »Neue Rechte« in Frankreich und Deutschland.
44 Salzborn: Rechtsextremismus, S. 61 sowie S. 63.
45 Vgl. ebd., S. 61.
46 Vgl. Fröchling: Die ideologischen Grundlagen des Rechtsextremismus, S. 99.
47 Pfeiffer: Rechtsextremismus light?, S. 186f.

Subkulturelle Milieus der extremen Rechten

Zu erwähnen sind auch subkulturelle Strömungen des Rechtsextremismus, darunter die *Nazi-Skins* und die *Autonomen Nationalisten*. Laut Jörg Weltzer sind Nazi-Skins die – innerhalb der heute heterogenen Skinhead-Szene in Deutschland – als »gewalttätig, rassistisch und hochgradig sexistisch«[48] zu bezeichnenden Nachfolger der Skinhead-Kultur der 1970er Jahre, die sich mehrheitlich als »antirassistisch, rebellisch und antietabliert« verstand und sich über ihren Bezug zur Arbeiterklasse definierte.[49] Die Autonomen Nationalisten bedienen sich der ästhetischen Codes und des Aktionsrepertoires der radikalen Linken, ihre neonazistische Ideologie soll mithilfe popkultureller Ausdrucksformen vermittelt werden.[50] In beiden faschistischen Subkulturen nehmen Bücher eine marginale Rolle ein: Als Ausdruck des zentralen Stellenwerts der Musik konsumieren Nazi-Skins vor allem Fanzines (Musik-Magazine),[51] Autonome Nationalisten halten »[v]eraltete Parolen, angelehnt an vergangene Parteiprogramme oder verstaubte Bücher« laut eigener Aussage für nicht mehr zeitgemäß.[52] So ist auch keiner der für diese Ausarbeitung zusammengetragenen Verlage einer solchen Subkultur zuzuordnen.

Revisionistische Betätigung

Ein »zentraler Bestandteil der Politik des Rechtsextremismus« ist der *Revisionismus*.[53] In der Revisionismus-Kampagne wird versucht, das herrschende Geschichtsverständnis vom Dritten Reich und Zweiten Weltkrieg zu ›korrigieren‹, da es nach Auffassung der Vertreter dieser Haltung als von den Alliierten manipulierte Sichtweise gilt. Revisionisten zielen dabei auf zwei zentrale Themen ab: die sogenannten ›Kriegsschuld-Lüge‹ und die ›Auschwitz-Lüge‹. Deren ›Richtigstellung‹ beinhaltet dabei die Relativierung der Schuld Deutschlands am Zweiten Weltkrieg bzw. die Infragestellung des

---

48 Weltzer, Jörg: Skinheads, Nazi-Skins und rechte Subkultur. In: Handbuch deutscher Rechtsextremismus (Antifa Edition). Hrsg. von Jens Mecklenburg. Berlin: Elefanten-Press 1996, S. 782–791, hier S. 786.

49 Ebd., S. 783.

50 Vgl. Schedler, Jan: Style matters. Inszenierungspraxen »Autonomer Nationalisten«. In: Autonome Nationalisten. Neonazismus in Bewegung. Hrsg. von Alexander Häusler und Jan Schedler. Wiesbaden: VS Verlag für Sozialwissenschaften 2001, S. 67–89, hier S. 68f.

51 Vgl. Weltzer: Skinheads, Nazi-Skins und rechte Subkultur, S. 789f.

52 Weblog der Autonomen Nationalisten Gladbeck: Wir über uns. In: http://www.ag-ruhr-mitte. info/Aktionsgruppe%20Ruhr-Mitte/index.html [10.01.2008; Website nicht mehr aktiv], zitiert nach Schedler: Style matters, S. 68.

53 Stöss, Richard: Rechtsextremismus im Wandel. Berlin: Friedrich-Ebert-Stiftung 2010, S. 33.

Holocaust als historischen Fakt.[54] Die Strategie ist hierbei nicht nur die Leugnung historischer Tatsachen, sondern auch die Betonung anderer Verbrechen, die denen der Nazis entgegengesetzt werden.[55] So werden etwa der Schuldanteil der Siegermächte hervorgehoben oder die NS-Prozesse »als rechtswidrig entlarvt«, so Richard Stöss; der Holocaust wird anderen Genoziden und den alliierten Kriegsverbrechen gegenübergestellt oder sein Ausmaß geschmälert.[56] Auch die Vertriebenenthematik ist hier anzusiedeln und macht die Vertriebenenbewegung so mindestens zu einer Randerscheinung des Rechtsextremismus.[57] Laut Stöss war und ist die »Revisionismuskampagne [...] sehr erfolgreich«, was auch auf die Beteiligung rechtskonservativer und nationalliberaler Autoren zurückzuführen ist. Der Erfolg schlägt sich insbesondere im Verlags- und Publikationswesen der extremen Rechten nieder, seine finanziellen Gewinne kamen »teilweise der politischen Arbeit zugute«.[58] Auch in dieser Untersuchung wird die Bedeutung des Revisionismus für das rechtsextreme Verlagswesen deutlich, weshalb zum besseren Verständnis diese Ausführungen gemacht wurden, obgleich es sich nicht um eine Strömung, sondern um ein Betätigungsfeld handelt.

Über die skizzierten Strömungen und Betätigungsfelder hinaus existieren diverse Bereiche, die teilweise als rechtsextrem bezeichnet werden, jedoch nach dem in Kapitel 2.1 geleisteten Definitionsansatz nicht uneingeschränkt zur extremen Rechten gezählt werden können. Um diese Grenzbereiche abstecken zu können, werden – im Anschluss an die Bestandsaufnahme – in Kapitel 4.4 solche Merkmale angesprochen, die rechtsextremes Denken *nicht* ausmachen, aber häufig damit in Verbindung gebracht werden. Hierdurch können anschließend jene Verlage Beachtung finden, die in die Bestandsaufnahme nicht aufgenommen werden können, jedoch eine gewisse Nähe – aus unterschiedlichen Gründen – zum Rechtsextremismus aufweisen.

---

54 Vgl. Stöss: Rechtsextremismus im Wandel, S. 33.
55 Vgl. Virchow, Fabian: »... über die Trümmer der KZ-Gedenkstätten«. Von Auschwitzleugnern und anderen Geschichtsfälschern. In: Handbuch deutscher Rechtsextremismus (Antifa Edition). Hrsg. von Jens Mecklenburg. Berlin: Elefanten-Press 1996, S. 666–691, hier S. 680f.
56 Stöss: Rechtsextremismus im Wandel, S. 33.
57 Vgl. hierzu ausführlich: Jelpke, Ulla/Schröder, Helmut: Der Bund der Vertriebenen. Für ein Deutschland in den Grenzen von 1937, 1938, 1939 ... In: Handbuch deutscher Rechtsextremismus (Antifa Edition). Hrsg. von Jens Mecklenburg. Berlin: Elefanten-Press 1996, S. 885–900.
58 Stöss: Rechtsextremismus im Wandel, S. 33–34.

3 PUBLIZISTIK DER EXTREMEN RECHTEN

3.1 Funktionen und Erscheinungsformen

Die publizistische Landschaft des Rechtsextremismus gruppiert sich um Buch- und Zeitschriftenverlage, Vertriebsdienste und Einzelpersonen. Davon gehören einige Parteien oder Vereinen an, andere sind organisationsunabhängig. 2011 existierten laut Verfassungsschutzbericht 28 »rechtsextremistische« Vertriebsdienste und Verlage[59] sowie 91 periodische Publikationen im Jahre 2012.[60] Kleinere, spezialisierte Verlage beständen neben wenigen größeren, zwischen ihnen kämen »sowohl Konkurrenz- als auch Kooperationsverhältnisse« zustande.[61] Wenngleich die Angaben einem engen Definitionsrahmen unterliegen und unter anderen Vorzeichen vermutlich höher wären, ist die im Vergleich zu Verlagen und Vertriebsdiensten hohe Anzahl von Periodika auffällig, was die große Relevanz derselben gegenüber nichtperiodischen Publikationen wie Büchern, wie bereits einleitend deutlich gemacht wurde, betont.

»[U]m relativ unverdächtig Netzwerke aufzubauen und zu pflegen«, sind Verlage und Versandhäuser sehr geeignet, da ihre Gründung unkompliziert ist und sie etwa bei rechtlichen Schwierigkeiten auch schnell wieder aufgelöst werden können, stellen Sven Felix Kellerhoff und Uwe Müller fest.[62] Außer-

---

59 Vgl. Verfassungsschutzbericht 2011. Hrsg. vom Bundesministerium des Innern. 2. Aufl. Berlin: Bundesamt für Verfassungsschutz 2013, S. 114.

60 Vgl. Verfassungsschutzbericht 2012. Hrsg. vom Bundesministerium des Innern. Berlin: Bundesamt für Verfassungsschutz, S. 128 (In den Verfassungsschutzberichten des Bundes 2013 und 2014 wurden keine Informationen über publizistische Tätigkeiten veröffentlicht. Aus diesem Grund kann hier nur Bezug auf die Angaben der zuvor erschienenen Berichte genommen werden).

61 Verfassungsschutzbericht 2011, S. 114.

62 Kellerhoff, Sven Felix/Müller, Uwe: Das Netzwerk der braunen Verlage. In: Welt am Sonntag vom 29. Mai 2016, S. 59.

dem ist dank Digitaldruck kein hoher finanzieller Aufwand mehr mit dem Verlagsgeschäft verbunden. Bücher erscheinen auch in der rechtsextremen Szene in variationsreicher Vielfalt: Inhaltlich reicht es von umfangreichen Publikationen, »die als wissenschaftliche Standardwerke verstanden werden möchten« zu »kurzen, essayistischen Diskussionsbeiträgen«,[63] äußerlich stehen aufwändig gestaltete, mehrteilige Bände neben einfachen Broschuren. Das Bundesamt für Verfassungsschutz sieht in der »seriöse[n] Präsentation« die Gefahr eines »Einstiegsfeld[s] in die rechtsextremistische Ideologie«.[64] Laut Salzborn zielen die Medien der extremen Rechten hingegen »nur bedingt auf die allgemeine Öffentlichkeit« ab, stattdessen richte »ein Großteil« der Publikationen sich an die eigene Szene.[65] Konkretisiert werden Ziele und Zielgruppen der rechtsextremen Publikationen von Pfeiffer, indem dieser eine Typologie aufstellt, die sich an Zeitungen und Zeitschriften orientiert, dabei aber auch »auf andere Publikationen« anzuwenden sei. Pfeiffer unterscheidet zwischen Ideologie-, Zielgruppen- und Scharnierorganen. Ideologieorgane diskutieren und formulieren politische Ziele, Strategien und Taktiken und sind damit primär an die eigene Szene gerichtet. Zielgruppenorgane sprechen nur einen spezifischen Teil der Bewegung an, indem sie diesem ästhetisch, sprachlich und/oder ideologisch entsprechen. Die Scharnierorgane stellen zuletzt eine Verbindung zwischen der Bewegung und der restlichen Gesellschaft dar, indem sie »fremdenfeindliche und nationalistische Positionen häufig in abgeschwächter Form« vertreten und »sich von aggressiveren Teilen der Szene« distanzieren.[66] Während sich die Grade an Professionalität extrem rechter Publizistik insgesamt erheblich unterscheiden, gehören die Medien der Neuen Rechten »zu den professionellsten der Bewegung«.[67] Printmedien nehmen in der Neuen Rechten einen besonderen Platz ein, sie sind die zentralen Instrumente, um zu schulen, Ideologien zu verbreiten und die öffentliche Meinung zu beeinflussen,[68] zielen auf Breitenwirkung ab und sind damit den Ideologie- und Scharnierorganen zuzuordnen. Eine intellektuelle Strömung, wie sie die Neue Rechte ist, ist mehr auf Beständigkeit und

---

63 Pfeiffer, Thomas: Das informationelle Kapillarsystem. Die neurechte Publizistik im Medienmix einer Bewegung von rechts. In: Die neue Rechte – eine Gefahr für die Demokratie? Hrsg. von Wolfgang Gessenharter und Thomas Pfeiffer. Wiesbaden: VS Verlag für Sozialwissenschaften 2004, S. 187–197, hier S. 194.
64 Verfassungsschutzbericht 2012, S. 131.
65 Salzborn: Rechtsextremismus, S. 52.
66 Pfeiffer: Das informationelle Kapillarsystem, S. 188f.
67 Ebd., S. 192.
68 Vgl. Pfeiffer: Rechtsextremismus light?, S. 187.

Materialität angewiesen als etwa aktionsorientierte, subkulturelle Strömungen. Deshalb kommt den Printmedien in der Neuen Rechten eine zentrale Funktion zu.[69] Gegenüber Zeitungen und Zeitschriften gilt für das Buch zudem:

> *Allein die Existenz umfangreicher, aufwändig produzierter Bände trägt zu einer seriöseren Außenwirkung der Bewegung bei und kann die Anhängerschaft der Richtigkeit ihrer Positionen vergewissern.*[70]

Es ist somit festzuhalten, dass die Erscheinungsformen und Funktionen rechtsextremer Publizistik zwar sehr unterschiedlich ausfallen, aber sie zu typologisieren möglich ist. Die Neue Rechte nimmt dabei eine herausragende Stellung ein, da Printmedien ihren Zwecken in besonderem Maße dienen.

3.2 Distributionswege

Der Blick auf die Distributionswege extrem rechter Publizistik kann ihre Bedeutung in der Szene wie in der übrigen Gesellschaft veranschaulichen: Von der Vernetzung der rechtsextremen Verlagslandschaft zeugen Vertriebsstrukturen innerhalb der Szene; die potentielle Breitenwirkung ihrer Produkte belegt die Vielzahl von – auch etablierten – Händlern mit rechtsextremem Buchangebot. Der Rechtsextremismus verfügt über viele szeneeigene Online-Versandhändler mit umfangreichem Angebot aus den politisch nahestehenden Verlagen. Exemplarisch seien hier genannt: Deutscher Buchdienst (ehemals Buchdienst Kaden)[71], der WB-Versand[72] und der Nordsachsen Versand.[73] Alle drei verfügen über ein thematisch breit gefächertes Buchangebot, beschränken sich zudem nicht auf dieses, sondern führen diverse weitere Artikel wie z. B. Kleidung und Schmuck, CDs und DVDs, Zeitschriften, Fahnen und Kalender. Eine klare politische Position innerhalb der extremen Rechten ist dabei kaum erkennbar, was womöglich zwecks Beibehaltung der Produktvielfalt und Angebotsbreite vermieden wird. Derweil existieren ebenso auf spezifisches Publikum konzentrierte Versandhäuser, z. B. Rock-o-Rama,[74] der Wikinger Versand[75] oder PC Records.[76] Entsprechend

---

69 Vgl. Pfeiffer: Das informationelle Kapillarsystem, S. 196.

70 Ebd.

71 Deutscher Buchdienst. Website. URL: http://buchdienst-kaden.de/index.htm [22.05.2017].

72 WB-Versand. Website. URL: http://wbversand.com/index.php [22.05.2017].

73 Nordsachsen Versand. Website. URL: http://www.nordsachsen-versand.com/index.php [22.05.2017].

74 Rock-o-Rama. Website. URL: http://rock-o-rama.net/index.php [22.05.2017].

75 Wikinger Versand. Website. URL: http://www.wikingerversand.de/ [22.05.2017].

76 PC-Records. Website. URL: http://pcrecords.net/index.html [22.05.2017].

ihrer zielgruppenorientierten Ausrichtung ist das Buchangebot dieser Versandhändler sehr übersichtlich (zwölf, acht bzw. sechs Buchangebote[77]) und thematisch begrenzt, sowie bei allen drei als Unterkapitel innerhalb der Rubrik »Sonstiges« platziert. Als Besonderheit kann für die rechtsextreme Publizistik festgestellt werden, dass die meisten der Verlage selbst über eigene Online-Shops verfügen, in denen auch Bücher und Zeitschriften anderer Verlage angeboten werden: Von den hier analysierten Verlagen, die über einen eigenen Online-Shop verfügen, bieten zwei nur die eigenen, vierzehn auch Bücher anderer Verlage an.[78] Sieben Achtel und damit die deutliche Mehrheit der rechtsextremen Verlage nutzen ihren verlagseigenen Shop, um auf fremde Bücher aufmerksam zu machen und agieren somit gleichfalls als Vertriebsdienste. Die Gefahr der Konkurrenz wird hier hingenommen, etwa um die Kaufbereitschaft der Kunden zu steigern, oder um die gegenseitige Vernetzung zu gewährleisten. Es ist auch nicht auszuschließen, dass unter den Verlagen Vereinbarungen zu gegenseitigem Produktangebot bestehen. Nicht nur hier scheint jedoch eine Zusammenarbeit stattzufinden, es kommt immer wieder vor, dass unterschiedliche Online-Angebote dieselben Inhaber aufweisen. So ist dies etwa der Fall bei den Internetseiten des Nordland Verlags, WB-Versands und des Versandhauses Deutsches Warenhaus. Neben einer überaus ähnlichen Seitengestaltung und einzelnen Bildelementen, stimmt auch das Impressum überein – abgesehen davon, dass das Deutsche Warenhaus Thorsten Heise, und nicht wie bei den anderen Seiten Nadine Heise, als Geschäftsführer nennt.[79] Die vertriebliche Vernetzung kommt den Verlagen dabei vermutlich auch finanziell zugute, indem die üblichen Buchhandelsrabatte entfallen, wenn innerhalb gleichgesinnter Kreise Geschäftsbeziehungen bestehen.

Auch außerhalb des World Wide Web vertreiben Rechtsextreme ihre Bücher. Während etwa eine Kleine Anfrage der Grünen-Politikerin Clara Herrmann aus dem Berliner Abgeordnetenhaus den Vertrieb von Büchern mit rechtsextremem Inhalt in Berlin belegt,[80] ist die Existenz spezifisch rechts-

---

77 Zeitpunkt der Zählung: 27. Juni 2016.

78 Vgl. Tabellen 1–4 im Anhang, S. 68–71 .

79 Vgl. Nordland Verlag. Impressum. URL: http://nordlandverlag.com/shop_content.
     php?colD=4&XTCsid=e8439191dd9ccof9fb6819ed9dc45ofe, WB-Versand. Impressum. URL: http://
     wbversand.com/shop_content.php/colD/4/content/Impressum, sowie Deutsches Warenhaus.
     Impressum. URL: http://www.deutsches-warenhaus.net/shop_content.php?colD=4 [alle 22.05.2017].
     Vgl. dazu auch die Einzelanalyse des Nordland Verlags in Kapitel 4.2.2.

80 Vgl. Kleine Anfrage der Abgeordneten Clara Herrmann (Bündnis 90/Die Grünen) vom 22. März 2011
     (Eingang beim Abgeordnetenhaus am 24. März 2011) und Antwort. Rechtsextreme Läden, Tattoo-

extremer Ladengeschäfte mit Buchangebot nur schwer in ihrer Gesamtheit nachzuweisen.

Des Weiteren existieren über die reinen Verkaufsposten hinaus verschiedene Instanzen, die »ein dichtgeknüpftes Netzwerk an Verlagen, Versandbuchhandlungen, Zeitschriften und Zeitungen« hervorbringen.[81] Hierzu gehört etwa der ›Zwischentag‹, eine Messe für Verlage, Zeitschriften und andere Projekte »aus dem Spektrum der ›Neuen Rechten‹«.[82] 2012 veranstaltete Götz Kubitschek, Inhaber des Antaios Verlags (vgl. Kapitel 4.1), erstmals das Vernetzungsevent, anlässlich der 50. Ausgabe der von ihm herausgegebenen Zeitschrift *Sezession*.[83] Fanden die Treffen 2012 und 2013 noch »recht erfolgreich«, so ein Artikel in *der rechte rand*, in Berlin mit etwa 700 Teilnehmern statt,[84] zählte es, seit *Blaue Narzisse*-Herausgeber Felix Menzel die Organisation übernommen hatte, 2014 und 2015 nur noch etwa 200 Besucher.[85] Die Aussteller und Besucher sind »Vertreter stramm rechter Studentenverbindungen, jüngere rechtsintellektuelle Aktivisten [...] und Anhänger rechtspopulistischer Strömungen«, stellt Horst Freires fest.[86] Ein weiterer Pfeiler des publizistischen Netzwerks der extremen Rechten ist die 1960 gegründete ›Gesellschaft für freie Publizistik‹ (GfP). In ihr versammeln sich rechtsextreme Vertreter des publizistischen Bereichs und bilden damit »eine Art Publikationskartell« der extremen Rechten, so Pfahl-Traughber. Ihr distributiver Anspruch besteht in dem allgemeinen Ziel, einen Markt für die eigenen Publikationen zu schaffen.[87]

Der tatsächliche Vertrieb rechtsextremer publizistischer Erzeugnisse findet jedoch auch außerhalb der eigenen Szene statt. Titel der einschlägigen, in dieser Arbeit zusammengetragenen Verlage finden sich bei etablierten Inter-

Studios oder Treffpunkte in Berlin? Drucksache 16/15 300. Abgeordnetenhaus Berlin. 22. März 2011. Abrufbar unter URL: http://www.clara-herrmann.net/sites/default/files/ka16-15300.pdf [22.05.2017].

81 Fröchling: Die ideologischen Grundlagen des Rechtsextremismus, S. 109.

82 Breuer, Jens: Der »Zwischen-Zwischentag«. In: der rechte rand 25 (2014) 151, S. 31.

83 Vgl. Bartocha, Adrian/Oelert, Helge: Gipfeltreffen in der Hauptstadt. Rechte Eliten spinnen Netzwerk. Ausgestrahlt in »Klartext«, RBB am 10. Oktober 2012. Abrufbar unter: »Zwischentag - Gipfeltreffen in der Hauptstadt - Rechte Eliten spinnen Netzwerk«. URL: https://www.youtube.com/ watch?v=hHw3AxqW86U [22.05.2017], 00:01:35.

84 Laskowski, Wolfgang/Schwarz, Patrick: Rechtsintellektuelles Kraftwerk. In: der rechte rand 26 (2015) 157, S. 14f., hier S. 15.

85 Vgl. Breuer: Der »Zwischen-Zwischentag«, S. 31.

86 Freires, Horst: Netzwerk der Neuen Rechten. In: blick nach rechts. 16. Juni 2015. URL: http://www.bnr. de/artikel/aktuelle-meldungen/netzwerk-der-neuen-rechten [22.05.2017].

87 Pfahl-Traughber: Rechtsextremismus in der Bundesrepublik, S. 43.

nethändlern wie Amazon, Thalia, Hugendubel, Weltbild und bücher.de,[88] sowie in den Online-Shops großer (Tages-)Zeitungen.[89] Amazon steht hierbei, scheinbar als einziger Anbieter, in der öffentlichen Kritik: Aufgrund dessen nahm der Konzern bereits 2009 Bücher des NPD-Verlags Deutsche Stimme aus dem Sortiment und weist seitdem offiziell darauf hin, dass keine »Artikel, die den Nationalsozialismus verherrlichen oder verharmlosen«, verkauft werden dürfen.[90] 2012 folgten Titel des Hohenrain Verlags wegen des Verdachts auf volksverhetzende Inhalte.[91] Auch Amazons *Affiliate*-Programm wurde dahingehend kritisiert, Rechtsextreme durch die Vermittler-Provision finanziell zu unterstützen.[92] Dass etablierte Versandhäuser Titel rechtsextremer Verlage anbieten, kommentierte auch das Bundesamt für Verfassungsschutz:

Da Internetbuchhandlungen rechtsextremistische Publikationen – meist mit dem originalen Werbetext – neben seriöser Literatur anbieten, erreichen entsprechende Veröffentlichungen auch einen nicht rechtsextremistisch vorgeprägten potenziellen Kundenkreis.[93]

Außer im Falle von Amazon erhält diese Problematik jedoch kaum mediale Aufmerksamkeit und scheint somit nicht von gesellschaftlichem Interesse zu sein. Hervorzuheben ist außerdem der Vertrieb von Zeitschriften und Zeitungen, die in großer Zahl und meist unbedacht in Kiosken und Bahnhofsbuchhandlungen ausliegen.[94] Ein Beispiel ist die Auslieferung der rechtsextremen Zeitschrift *Zuerst!* durch die Bauer Media Group, die trotz

88   Im Rahmen dieser Arbeit kann kein vollständiger Abgleich aller Titel der Verlage in den genannten Online-Shops geleistet werden, zumal sich dort selbstverständlich unterschiedliche Titel befinden. Bereits eine flüchtige Suche der Verlagsnamen ergibt jedoch schnell einige Treffer.

89   Vgl. Beres, Eric/Maegerle, Anton/Neumann, Ulrich: Warum Online-Portale großer Verlage rechtsextremistische Literatur anbieten. In: Report Mainz, ARD vom 08. November 2010. URL: http://www.swr.de/report/naziliteratur/-/id=233454/did=7133134/nid=233454/14ofrj3/index.html [22.05.2017].

90   Amazon Seller Central. Kategorie-, Produkt- und Inhaltsbeschränkungen. URL: https://sellercentral-europe.amazon.com/gp/seller/registration/participationAgreement.html/?itemID=201743940&language=de_DE [27.06.2016; Website nicht mehr aktiv].

91   Vgl. Maegerle, Anton: »Systemkritische Stimme zum Schweigen bringen«. In: blick nach rechts. 22. Februar 2012. URL: http://www.bnr.de/artikel/aktuelle-meldungen/systemkritische-stimme-zum-schweigen-bringen [22.05.2017].

92   Vgl. Plewinski, Tina: Wie Amazon Rechtsextreme unterstützt... In: Amazon Watchblog. 19. März 2015. URL: https://www.amazon-watchblog.de/kritik/208-affiliate-amazon-rechtsextreme.html [22.05.2017].

93   Verfassungsschutzbericht 2012, S. 128.

94   Vgl. Rafael, Simone: Extrem rechte Zeitungen. Rassismus und übersteigerter Nationalismus am Kiosk. In: Belltower News. 25. Juni 2012. URL: http://www.belltower.news/artikel/extrem-rechte-zeitungen-rassismus-und-%c3%bcbersteigerter-nationalismus-am-kiosk-7783 [22.05.2017].

verschiedener Gegenstimmen nicht eingestellt wurde.[95] Hier gilt die beschriebene Problematik umso mehr, da die Präsenz im stationären Handel nicht nur Spontankäufe fördert, sondern den seriösen Anschein der Veröffentlichungen verstärkt.

Einen Sonderfall in der Distribution bilden von der Bundesprüfstelle für jugendgefährdende Medien (BPjM) indizierte Veröffentlichungen, was die Publizistik der extremen Rechten in besonderem Maße betrifft. Immer wieder werden Bücher und andere Medien aus der rechtsextremen Szene indiziert, wie die Jahresberichte der BPjM bezeugen; so etwa im Februar 2014 die Veröffentlichung *Talmudismus – Erzfeind der Menschheit. Band 3: Judentum und Welt-Geldherrschaft Teil 1*, da sie »antisemitische Aussagen« enthalte,[96] und andere den Holocaust leugnende oder rassistische Schriften. Wird eine Veröffentlichung auf den Index gesetzt, gelten »weitreichende Abgabe-, Präsentations-, Verbreitungs-, Vertriebs- und Werbebeschränkungen«. Bezüglich der Distribution bedeutet dies im Besonderen, dass die betroffenen Publikationen im Einzelhandel, in Kiosken und anderen Verkaufsstellen, im Versandhandel und in gewerblichen Leihbüchereien nicht öffentlich »angeboten, verkauft, verliehen oder vorrätig gehalten werden« dürfen. Zudem ist die Belieferung durch Verleger und Zwischenhändler verboten.[97] Da die Schriften an sich nicht verboten werden, ist eine Distribution noch möglich, wenngleich stark erschwert.

95 Vgl. Hetzblatt »Zuerst«: DGB kritisiert Bauer wegen Rechtspostille. In: Spiegel Online. 29. Dezember 2011. URL: http://www.spiegel.de/kultur/gesellschaft/hetzblatt-zuerst-dgb-kritisiert-bauer-wegen-rechtspostille-a-806214.html [22.05.2017].

96 Jahresrückblick 2014. In: BPjM-Aktuell 1/2015. Abrufbar unter: URL: http://www.bundespruefstelle.de/RedaktionBMFSFJ/RedaktionBPjM/PDFs/BPJMAktuell/bpjm-aktuell-201501-jahresrueckblick-2014.pdf [22.05.2017], S. 18–23, hier S. 20.

97 Bundesprüfstelle für jugendgefährdende Medien. Verbreitungs- und Werbeverbote bei Trägermedien. URL: http://www.bundespruefstelle.de/bpjm/Rechtsfolgen/Traegermedien/verbreitungs-und-werbeverbote.html [22.05.2017].

4 RECHTSEXTREME VERLAGE

Das folgende Kapitel versammelt und analysiert momentan bestehende Buchverlage der extremen Rechten in Deutschland. Ein Anspruch auf Vollständigkeit besteht dabei nicht, da möglicherweise Verlage aufgrund ihrer geringen Größe oder Öffentlichkeit für Außenstehende nicht wahrzunehmen sind, und da abweichende Rechtsextremismus-Verständnisse andere Verlage ein- bzw. ausschließen würden. In der Bestandsaufnahme finden die Verlage unterschiedliche Gewichtung, jeweils beruhend auf ihrer Bedeutung für die extreme Rechte. Die Analyse orientiert sich hierbei an den folgenden Punkten: Grunddaten zum Verlag; Verlagsprogramm und Themenschwerpunkte; Art der Webpräsenz und Professionalität derselben und Einordnung in die extreme Rechte.

4.1 Verlage der Neuen Rechten

ARNSHAUGK VERLAG

Der Arnshaugk Verlag wurde 1986 in München gegründet und hat seinen Sitz inzwischen in Neustadt an der Orla, Inhaber ist Uwe Lammla.[98] »Der Verlag fühlt sich besonders der deutschen Dichtung verpflichtet«, was diverse heimatbezogene Veröffentlichungen auch von Lammla selbst, sowie die Literatur-Zeitschrift *Das Lindenblatt* belegen. Einen weiteren Schwerpunkt bildet die Konservative Revolution, was sich in Veröffentlichungen von Vertretern derselben zeigt wie Friedrich Hielscher (*Die Leitbriefe der Unabhängigen*

---

98 Vgl. Arnshaugk Verlag. Website. URL: http://www.arnshaugk.de/ sowie Impressum. URL: http://www.arnshaugk.de/index.php [alle 22.05.2017].

Freikirche[99]) oder Oswald Spengler (*Neubau des deutschen Reiches*); Die Reihe *Telesma* verfügt darüber hinaus über eine eigene Kategorie »Konservative Revolution«. Nähe zum Rechtsextremismus belegen zudem Bücher von und über Julius Evola, Vertreter des italienischen Faschismus. Auch Martina Renner, Abgeordnete des Thüringer Landtags, stellt in einer Kleinen Anfrage fest, dass »sich Autoren der extrem rechten, völkischen und faschistischen Intelligenz« im Programm des Arnshaugk Verlags finden, das Thüringer Landesamt für Verfassungsschutz beobachtet den Verlag indes nicht.[100] Durch das große schöngeistige Angebot tritt die politische Orientierung des Verlags in den Hintergrund, was die Gefahr der Verschleierung birgt.

JF EDITION

Die JF Edition ist die Buchreihe der Wochenzeitung *Junge Freiheit (JF)* und wird über den JF Buchdienst des Junge Freiheit Verlags vertrieben. Ihren Redaktionssitz hat die Zeitung in Berlin, Chefredakteur ist Dieter Stein.[101] Die JF wurde 1986 als Schüler- und Jugendzeitung in Freiburg gegründet. Seit 1994 erscheint sie wöchentlich, zuvor (zwei-)monatlich.[102] Formal parteiunabhängig, hegte die JF zeitweise Sympathien u. a. für die Partei Die Republikaner, inzwischen »wird die AfD publizistisch unterstützt«, stellen Alexander Häusler und Rainer Roeser fest, und die JF gilt gar »als eine Art informelle Parteizeitung«.[103] Allgemein wird die JF in der Forschung »als zentrales Forum für die Neue Rechte in Deutschland« charakterisiert. Sie sei »zwar mit der Neuen Rechten nicht identisch, aber alle relevanten neu-rechten Diskurse und Strategiedebatten sowie Berichte über neu-rechte Aktivitäten werden über [sie] vermittelt.«[104]

99   Die vollständigen bibliografischen Angaben der als Beispiele genannten Buchtitel sind der nach Verlagen geordneten Übersicht im Anhang zu entnehmen.

100 Kleine Anfrage der Abgeordneten Renner (DIE LINKE) und Antwort des Thüringer Ministeriums für Wirtschaft, Arbeit und Technologie. Rechtsextremer Verlag auf den »Thüringer Buchtagen«? Drucksache 5/5289. Thüringer Landtag. 28. November 2012. Abrufbar unter URL: http://www.die-linke-thl.de/uploads/media/dr55289.pdf [22.05.2017], S. 1f.

101 Vgl. Junge Freiheit. Impressum. URL: https://jungefreiheit.de/informationen/impressum/ [22.05.2017].

102 Vgl. Kornexl, Klaus: Das Weltbild der Intellektuellen Rechten in der Bundesrepublik Deutschland. Dargestellt am Beispiel der Wochenzeitschrift *Junge Freiheit* (Beiträge zur Politikwissenschaft 9). München: Herbert Utz 2008, S. 57.

103 Häusler, Alexander/Roeser, Rainer: Die rechten Mut-Bürger. Entstehung, Entwicklung, Personal & Positionen der Alternative für Deutschland. Hamburg: VSA-Verlag 2015, S. 125 und S. 127

104 Benthin, Rainer: Auf dem Weg in die Mitte. Öffentlichkeitsstrategien der Neuen Rechten (Campus Forschung 875). Frankfurt a. M./New York: Campus Verlag 2004, S. 16.

Die JF Edition startete 1999 mit Alain de Benoists *Aufstand der Kulturen,* das sich laut Verlag »zu einem Dauerbrenner« entwickelt habe. Daneben biete das Programm »sowohl Dokumentationsbände als auch politisch-kulturelle und zeitgeschichtliche Titel,« heißt es in der Jubiläumsschrift der Zeitung.[105] Koordiniert wird die JF Edition von Thorsten Thaler,[106] stellvertretender Chefredakteur der JF und – unbeständigen Informationen Wikipedias zufolge – ehemaliger Lektor des neonazistischen Arndt-Verlags (siehe Kapitel 4.2.1 *Lesen & Schenken*).[107] Den Schwerpunkt des Programms bilden nationalistisch ausgerichtete Publikationen, die sich dabei gegen Einwanderung positionieren, wie *Die Asylkrise* oder *Weltflucht und Massenwahn,* in dem es heißt: »Die halbe Welt meint das Recht zu haben, sich in Deutschland anzusiedeln und das Land soziokulturell und ethnisch umzudefinieren«;[108] sowie solche Titel, die die deutsche Geschichte auf patriotisch-nationalistische Weise interpretieren, wie *Das verlorene Land* (dieser und *Die Psychologie der Niederlage* seien 2011 »die meistverkauften Titel des Verlages«[109] gewesen) oder *Deutsche Geschichte für junge Leser,* über dessen Ziel Autor Karlheinz Weißmann sagt: »Die Absicht dieses Buches ist eine patriotische. [...] Dieses Buch soll dem Zweck dienen, den Heranwachsenden mit Stolz auf die Vergangenheit seines Volkes zu erfüllen.«[110] Spitzenautor der JF Edition ist Alain de Benoist mit aktuell sieben lieferbaren Titeln, darunter seine Autobiographie *Mein Leben* und neurechte Theoriewerke wie *Wir und die anderen.* Daneben zeugt *Aufstieg und Etablierung der »Alternative für Deutschland«* von der AfD-Nähe, *Phantom »Neue Rechte«* von der eigenen Distanzierung von ebendiesem Begriff und *Helden der Nation* von der Würdigung des Stauffenberg-Attentats vom 20. Juli 1944.

Die JF Edition spiegelt die Ausrichtung der Zeitung wider, indem etwa mit den Büchern de Benoists neurechte Diskurse aufgegriffen werden. Zugleich ist die Distanz zu neonazistischer Ideologie erkennbar, wodurch die Selbsteinschätzung des Verlags als konservativ – und nicht als rechtsextrem – unterstützt wird.[111]

105 Der Freiheit eine Gasse! 25 Jahre Junge Freiheit. Eine deutsche Zeitungsgeschichte. Berlin: Junge Freiheit Verlag 2011, S. 228.

106 Ebd.

107 Vgl. Thorsten Thaler. In: Wikipedia. URL: https://de.wikipedia.org/wiki/Thorsten_Thaler [22.05.2017].

108 Produktbeschreibung zu *Weltflucht und Massenwahn* im Online-Shop JF-Buchdienst. URL: https://jf-buchdienst.de/JF-Edition/Weltflucht-und-Massenwahn.html [22.05.2017].

109 Der Freiheit eine Gasse! 25 Jahre Junge Freiheit, S. 234.

110 Deutsche Geschichte für junge Leser (Buchvorstellung). In: JF-TV. 21. Oktober 2015. Abrufbar unter: »JF-TV: Deutsche Geschichte für junge Leser (Buchvorstellung)«. URL: https://www.youtube.com/watch?v=hkol1JBJx04 [22.05.2017], 00:11:27.

111 Vgl. zum Selbstbild: Leitbild der JF. In: Junge Freiheit. Über den Verlag. URL: https://jungefreiheit.de/informationen/ueber-den-verlag/ [22.05.2017].

REGIN-VERLAG

Der Regin-Verlag mit Sitz in Kiel wird von Dietmar Sokoll geleitet,[112] das Gründungsjahr ist nicht bekannt, dürfte aber mit einiger Wahrscheinlichkeit in den frühen 2000er Jahren liegen.[113] Im Programm finden sich schwerpunktmäßig Publikationen über europäischen Faschismus wie den rumänischen (etwa *Handbuch für die Nester* von Corneliu Z. Codreanu) oder irischen/britischen (*Phänomen Inselfaschismus*), sowie über »ein im Faschismus geeintes Europa«[114] nach Pierre Drieu la Rochelle. Dabei ist der offen positive Bezug zum Faschismus auffällig (»In einem farbenprächtigen Szenario [schafft] D'Annunzio [...] eine Schnittstelle protofaschistischen Lebensgefühls.«[115]). Vertreter des historischen deutschen Faschismus finden dabei auch Beachtung – wie die »Hitler-Verehrerin« Savitri Devi[116] –, rücken jedoch in den Hintergrund. Weiterhin wird der neurechten »vitale[n] und allmählich anwachsende[n] Bewegung« gehuldigt, u. a. mit *Die Geschichte der Neuen Rechten in der Bundesrepublik Deutschland* des vielfachen Regin-Autors und -Herausgebers Sebastian Maaß; oder mit *»Verräter schlafen nicht«* über den bekannten neurechten Publizisten Günter Maschke. Der offene Faschismus-Bezug im europäischen Kontext bildet eine Besonderheit, und so meint auch der Rechtsextremismus-Forscher Volkmar Wölk: »Das, was der Regin-Verlag in seinen Publikationen bringt, gibt es sonst in der rechten Szene so nicht.«[117]

---

112 Vgl. Baab, Patrik/Janz, Carsten/Lüthje, Eike: Rechter Verlag im Visier der Staatsschützer. NDR Schleswig-Holstein magazin. 16. April 2013. Abrufbar unter »NDR 16-04-2013: Rechter Verlag im Visier der Staatsschützer«. URL: https://www.youtube.com/watch?v=zLR95JQNNAY [22.05.2017], 00:00:23.

113 Laut Götz Kubitschek agiert der Verlag seit ca. 2009, die Wikipedia-Seite des Verlags gibt ohne Quellenhinweis 2003 als Gründungsjahr an. Vgl. Kubitschek, Götz: Bernd Krauthoff: »Ich befehle! Kampf und Tragödie des Barons Ungern-Sternberg« – eine Rezension. In: Sezession. 01. September 2011. URL: http://www.sezession.de/27647/berndt-krauthoff-ich-befehle-kampf-und-tragodie-des-barons-ungern-sternberg-eine-rezension.html sowie Regin-Verlag. In: Wikipedia. URL: https://de.wikipedia.org/wiki/Regin-Verlag [alle 22.05.2017].

114 Produktbeschreibung zu *Eurofaschismus und bürgerliche Dekadenz* im Online-Shop Regin Verlag. URL: http://www.regin-verlag.de/shop/product_info.php?info=p541_B.+Kaiser%3A+Eurofaschismus+und+b%FCrgerliche+Dekadenz.html [22.05.2017].

115 Produktbeschreibung zu *Fiume oder der Tod* im Online-Shop Regin-Verlag. URL: http://www.regin-verlag.de/shop/product_info.php?info=p15_Oliver+Ritter%3A%3Cbr+%2F%3EFiume+oder+der+Tod.html [22.05.2017].

116 Wölk, Volkmar: Chemnitzer Front. In: der rechte rand 24 (2013) 144, S. 25.

117 Baab/Janz/Lüthje: Rechter Verlag im Visier der Staatsschützer, 00:44.

VERLAG ANTAIOS

2000 von Götz Kubitschek gegründet, wird der Verlag Antaios heute von ihm und seiner Frau Ellen Kositza geleitet und hat seinen Sitz auf dem Rittergut Schnellroda, Sachsen-Anhalt. Nach Selbstaussage verlegt Antaios »konservative und rechtsintellektuelle Bücher zu Fragen der Politik, Metapolitik, Geschichte und Soziologie.«[118] Zum Verlagsprogramm gehören mehrere Reihen: Zum einen die *Reihe kaplaken*, »eine geistige Zulage für Selbstdenker«, [119] die staffelweise mit je drei handlichen Bänden, deren Buchrücken die Schlange des Antaios-Logos bilden, erscheint. Thematisch reicht die Reihe von Anti-Feminismus (*Gender ohne Ende*) über Konservatismus (*Rekonstruktion des Konservatismus*) bis hin zu »zutiefst deutsche[r] Philosophie« (*Philosophie der Selbstbehauptung*).[120] Zum anderen erscheint die *edition nordost*: sie versammelt bislang sieben belletristische Titel, darunter Romane vom reaktionär-monarchistischen Jean Raspail, sowie *Wer gegen uns?* von Domenico Di Tullio, das der italienischen neofaschistischen Bewegung *CasaPound* huldigt. Die neurechte Positionierung des Verlags zeigen darüber hinaus das *Staatspolitische Handbuch*, das in bisher vier Bänden Grundlagen der Konservativen Revolution darlegen will,[121] sowie Einzeltitel von und über Vordenker der Neuen Rechten, insbesondere Armin Mohler (etwa *Briefe an Ernst Jünger*). Seit kurzem veröffentlicht Antaios auch Akif Pirinçcis Bücher über die »Minderheit im eigenen Land«[122] und »den schleichenden Genozid«[123] an jungen, männlichen Deutschen.

Die Internetseite des Verlags bietet ein übersichtliches und ansprechendes Bild: Typographisch sind die einzelnen Elemente aufeinander abgestimmt (Schriften, Farben), verschiedene Menüs erleichtern die intuitive Benutzung, Informationen zu Presse und Lesungen erwecken einen professi-

118 Verlag Antaios. Website. URL: http://antaios.de/ [22.05.2017].

119 Produktbeschreibung zur *Reihe kaplaken* im Online-Shop Verlag Antaios. URL: http://antaios. de/gesamtverzeichnis-antaios/reihe-kaplaken/3619/kaplaken-abo-mit-gesamtabnahme?c=7 [22.05.2017].

120 Vgl. Verlag Antaios. Gesamtverzeichnis 2015. Abrufbar unter URL: http://antaios.de/prospekt_ antaios.pdf [29.06.2016, Website nicht mehr aktiv].

121 Vgl. Kellershohn, Helmut: Nachschlagewerk und Inspirationsquell. In: der rechte rand 24 (2013) 143, S. 28f.

122 Produktbeschreibung zu *Umvolkung. Wie die Deutschen still und leise ausgetauscht werden* im Online-Shop Verlag Antaios. URL: http://antaios.de/gesamtverzeichnis-antaios/einzeltitel/27993/ umvolkung.-wie-die-deutschen-still-und-leise-ausgetauscht-werden?c=21 [22.05.2017].

123 Produktbeschreibung zu *Akif auf Achse. »Das Schlachten hat begonnen« und andere Texte* im Online-Shop Verlag Antaios. URL: http://antaios.de/gesamtverzeichnis-antaios/einzeltitel/32512/ akif-auf-achse.-das-schlachten-hat-begonnen-und-andere-texte?c=21 [22.05.2017].

onellen Eindruck. Antaios verfügt neben seiner Internetseite auch über einen Youtube-Kanal mit Buchtrailern der *edition nordost*, über eine Facebook-Seite und einen Twitter-Kanal, die allesamt regelmäßig bespielt werden. Details wie die Symbole für Kontakt- und Zahlungsmöglichkeiten und die Sozialen Netzwerke runden das ästhetische Profil der Internetseite ab. Gemeinsam mit den durchdacht erscheinenden Reihen macht die Stimmigkeit der Internetpräsenz, die sich auch in den Buchcovern widerspiegelt, einen äußerst professionellen Eindruck.

Der Verlag Antaios steht in engem Zusammenhang mit dem *Institut für Staatspolitik (IfS)* und der Zeitschrift *Sezession*, dessen Mitgründer bzw. Chefredakteur Kubitschek ist. Gemeinsam mit der *Jungen Freiheit* bilden sie ein Netzwerk und »stehen in der Mitte der rechtsintellektuellen Szenerie in Deutschland«.[124] Diese Einschätzung entspricht auch dem Selbstverständnis des Verlags, wenn es heißt, dass Kubitschek auf dem Rittergut Schnellroda »einen zentralen Ort für diese Szene [der intellektuellen Rechten]« aufgebaut hat.[125]

4.2 Neonazistische Verlage

4.2.1 *Verlage mit revisionistischem Schwerpunkt*

DRUFFEL & VOWINCKEL VERLAG

Der Druffel & Vowinckel Verlag geht aus der Verlagsgesellschaft Berg hervor, die wiederum ein 1991 von Gerd Sudholt initiierter Zusammenschluss der ehemals eigenständigen Verlage Druffel (gegründet 1952), Türmer (1949) und Vowinckel (1923) ist, alle drei mit rechtsextremer Tradition.[126] Sudholt ist auch heute noch Inhaber, der Verlag sitzt in Gilching, Bayern.[127] Wissenschaft und Verfassungsschutz zählen Druffel & Vowinckel zu den wichtigsten bzw. größten rechtsextremen Verlagen,[128] und betonen seit Jahren sein »ge-

---

124 Laskowski/Schwarz: Rechtsintellektuelles Kraftwerk, S. 15.

125 Antaios Gesamtverzeichnis 2015, S. 3.

126 Vgl. Bauernschmidt, Michael u. a.: Verlagsgemeinschaft Berg (VGB). In: Handbuch deutscher Rechtsextremismus (Antifa Edition). Hrsg. von Jens Mecklenburg. Berlin: Elefanten-Press 1996, S. 433.

127 Vgl. Druffel & Vowinckel Verlag. Impressum. URL: http://www.druffel-vowinckel.eu/index. php?id=692 [22.05.2017].

128 Vgl. etwa Pfeiffer, Thomas: Publikationen und Verlage. In: Handbuch Rechtsradikalismus. Personen, Organisationen, Netzwerke vom Neonazismus bis in die Mitte der Gesellschaft. Hrsg. von Thomas Grumke. Opladen: Leske + Budrich 2002, S. 105–115, hier S. 111; sowie Verfassungsschutzbericht Bayern 2015. Hrsg. vom Bayerischen Staatsministerium des Innern, für Bau und Verkehr: München: Abteilung Verfassungsschutz, Cybersicherheit. Bayerisches Landesamt für Verfassungsschutz 2016, S. 117.

schichtsrevisionistisches und nationalistisches Gesamtprogramm«.[129] In der Tat finden sich heute hauptsächlich revisionistische Titel, z. B. *Die Wahrheit über Oradour*, das laut Verlag offenlege,

> *warum die Männer der Waffen-SS-Division ›Das Reich‹ an jenem 10. Juni [1944] in das Dorf einrückten und auf gar keinen Fall die dort lebende friedliche Bevölkerung beseitigen wollten. [...] Mit diesem Buch wird eine weitere Legende von den Verbrechen der Waffen-SS zerstört.*[130]

Auch der Titel *29. April 1945 – Der Dachauer Blutsonntag. Ein ungesühntes US-Kriegsverbrechen* ist eine revisionistische Veröffentlichung, indem er »das grausame Schicksal der deutschen Wachmannschaften«[131] im Konzentrationslager Dachau durch die US-amerikanischen Einheiten thematisiert, ohne die Taten der Wachmannschaften selbst zu erwähnen. Des Weiteren werden nostalgisch anmutende Apologien des Nazi-Regimes und Zweiten Weltkriegs verlegt wie die Erinnerungen an Reinhard Heydrich, verfasst von seiner Ehefrau und ediert vom Sohn: *Mein Leben mit Reinhard. Die persönliche Biographie;* sowie zahlreiche »Erlebnisberichte« wie *Marsch aus dem Untergang*, der »den Leser noch einmal an den bewegenden Ereignissen des letzten Krieges, seiner Leistungen und Leiden teilhaben lässt«.[132] Hinzu kommen Veröffentlichungen über weitere reaktionäre und militärische Größen deutscher Geschichte wie Gerhard von Scharnhorst oder Otto von Bismarck. Druffel & Vowinckel gibt auch die Zeitschrift *Deutsche Geschichte* heraus, die laut der antifaschistischen Zeitschrift *Lotta* »eindeutig geschichtsrevisionistisch« ausgerichtet und »in vielen Bahnhofsbuchhandlungen zu erwerben« ist.[133] Insgesamt ist der Verlag auf historische Titel, insbesondere über

---

129 Bauernschmidt u. a.: Verlagsgemeinschaft Berg (VGB), S. 433.Vgl. außerdem: Pfahl-Traughber: Rechtsextremismus in der Bundesrepublik, S. 42f.

130 Produktbeschreibung zu *Die Wahrheit über Oradour* im Online-Shop Druffel & Vowinckel Verlag. URL: http://www.sudholt-versand.de/index.php?id=691&tx_trade_pi1[cmd]=singleview&tx_trade_pi1[uid]=166&tx_trade_pi1[listtype]=search [22.05.2017].

131 Produktbeschreibung zu *29. April 1945 – Der Dachauer Blutsonntag. Ein ungesühntes US-Kriegsverbrechen* im Online-Shop Druffel & Vowinckel Verlag. URL: http://www.sudholt-versand.de/index.php?id=691&tx_trade_pi1%5Bcmd%5D=singleview&tx_trade_pi1%5Buid%5D=274&tx_trade_pi1%5Blisttype%5D=default [22.05.2017].

132 Produktbeschreibung zu *Marsch aus dem Untergang* im Online-Shop Druffel & Vowinckel Verlag. URL: http://www.sudholt-versand.de/index.php?id=691&tx_trade_pi1[cmd]=singleview&tx_trade_pi1[uid]=162&tx_trade_pi1[listtype]=default [22.05.2017].

133 Bergil, Lea/Heine, Torben: Revisionistische Geschichtsschreibung. Die Zeitschrift »Deutsche Geschichte«. In: Lotta. Antifaschistische Zeitung aus NRW Nr. 22 2006. Abrufbar unter URL: http://www.apabiz.de/archiv/material/Profile/Deutsche%20Geschichte.htm [22.05.2017].

das Dritte Reich und den Zweiten Weltkrieg, spezialisiert, die in der Regel eine stark revisionistische, apologetische oder nostalgische Tendenz aufweisen. Titel wie *Mein Leben mit Reinhard* zeugen dabei vom positiven Bezug zur Nazi-Ideologie, wodurch der Verlag als neonazistisch mit revisionistischem Schwerpunkt einzustufen ist. Zudem war Inhaber Sudholt bereits 1993 wegen der Veröffentlichung eines Auschwitz-leugnenden Beitrags und 1999 wegen Volksverhetzung verurteilt worden.[134] Indes zeugt die Webpräsenz nicht unbedingt von Professionalität und Kompetenz: fehlende Such- und Filterfunktionen und wenige Menüpunkte erschweren die Orientierung erheblich; über ein Jahr alte »Aktuelles«-Einträge und falsche Schreibweise der eigenen Autoren[135] erzeugen einen nachlässigen Eindruck; die Abwesenheit in sozialen Netzwerken spricht nicht für eine moderne Ausrichtung des Verlags. Durch seine langjährige Tradition ist Druffel & Vowinckel jedoch eine etablierte Größe in der rechtsextremen Verlagslandschaft, was auch die regelmäßige Teilnahme von Verlagsautoren sowie von Sudholt selbst an den Kongressen der »Gesellschaft für freie Publizistik« bezeugt.[136]

HOHENRAIN VERLAG

Der Hohenrain Verlag, ehemals Grabert Verlag, mit Sitz in Tübingen ist der »größte organisationsunabhängige«[137] und von der Forschung meistberücksichtigte rechtsextreme Verlag in Deutschland. Herbert Grabert gründete 1953 den *Verlag der deutschen Hochschullehrer-Zeitung* als Reaktion auf das ihm auferlegte Lehrverbot nach 1945.[138] Nach Graberts Tod 1978 übernahm sein Sohn Wigbert den Verlag, den er bereits seit sechs Jahren geleitet und 1974 zu *Grabert Verlag* umbenannt hatte. War er bis dahin noch ideologisch und personell auf die sogenannte ›Erlebnisgeneration‹ konzentriert, öffnete Wigbert Grabert den Verlag schließlich auch für die Neue Rechte mit Übersetzungen von Alain de Benoist und als »Hausverlag«[139] des neurechten *Thule-Seminars*, dessen Mitgründer er war. Als Ausweg aus der Belastung, als rechtsextrem eingestuft zu werden, wurde 1985 der Tochterverlag Hohenrain

---

134 Vgl. ebd.

135 Günter statt Günther Deschner, vgl. Druffel & Vowinckel Verlag. DEUTSCHE ANNALEN 2016. URL: http://www.druffel-vowinckel.eu/index.php?id=691&tx_trade_pi1[cmd]=singleview&tx_trade_pi1[uid]=416&tx_trade_pi1[listtype]=default [22.05.2017].

136 Vgl. Maegerle, Anton: Jahrestreffen der Geschichtsleugner. In: blick nach rechts. 30. Mai 2016. URL: http://www.bnr.de/artikel/aktuelle-meldungen/jahrestreffen-der-geschichtsleugner [22.05.2017].

137 Pfahl-Traughber: Rechtsextremismus, S. 114.

138 Vgl. ebd.

139 Pfeiffer: Rechtsextremismus light?, S. 179.

gegründet.[140] Wigbert Graberts Sohn Bernhard übernahm 2013 das Unternehmen und führte die Internetauftritte beider Verlage unter dem Namen *Buchdienst Hohenrain* zusammen.[141] Im Impressum wird heute offiziell der Name *Hohenrain Verlag GmbH* genannt.[142]

Den Schwerpunkt des sehr breiten Buchangebots bildet nach »Jahrzehnte währende[r] Kontinuität«[143] noch immer der Revisionismus. Dieser lässt sich in Veröffentlichungen zur Kriegsschuldfrage erkennen (*Chronologie der Kriegsschuldfrage*), zur Vertriebenenthematik (*50 Jahre Vertreibung*) oder zur Alliiertenpolitik wie in *Nürnberg – Die letzte Schlacht* des bekannten Holocaustleugners David Irving. Beispielhaft für das revisionistische Verlagsprogramm ist zudem die seit 2006 herausgegebene fünfbändige Publikation *Der große Wendig. Richtigstellungen zur Zeitgeschichte*, die als »Nachschlagewerk gegen die zahlreichen in der Öffentlichkeit verbreiteten Fälschungen und Lügen«[144] dienen soll und aufgrund ihrer Aufmachung als Aushängeschild des Verlags betrachtet werden kann. Weitere Themenfelder des Verlagsprogramms sind die Geschichte germanischer/deutscher Gebiete und Völker – in Titeln wie *Die Vorgeschichte des deutschen Volkes* oder in der vierbändigen Reihe *Die Deutschen und ihr Staat* – und Kunst, etwa in der pathosreichen Veröffentlichung *Kunst und Unkunst. Eine Kampfschrift:* »Das Schöne, Wahre und Gesunde ist dem Kranken, Falschen und Häßlichen gewichen.«[145] Die Neuerscheinungen des Verlags lassen indes ein besonderes Interesse an aktuellen Entwicklungen erkennen, z. B. in *Pulverfaß Ukraine* über den noch andauernden Ukraine-Konflikt oder über die Flüchtlingsthematik in *Asyl-Tsunami*, dessen Inhaltstext die nationalistisch-völkische Ausrichtung des Verlags klar erkennen lässt:

> [E]in scheinbar unaufhaltbarer, zerstörerischer Tsunami fegt durch Deutschland, in dessen Gefolge sich unser Land nachhaltig und

---

140 Vgl. Pfahl-Traughber: Rechtsextremismus, S. 117.

141 Vgl. Verfassungsschutzbericht Baden-Württemberg 2014. Hrsg. vom Innenministerium Baden-Württemberg. Stuttgart: Landesamt für Verfassungsschutz Baden-Württemberg 2015, S. 201.

142 Vgl. Hohenrain Verlag. Impressum. URL: http://www.buchdienst-hohenrain.de/Impressum.html [22.05.2017].

143 Finkenberger, Martin: Grabert-Verlag (seit 1974). In: Publikationen (Handbuch des Antisemitismus 6). Hrsg. von Wolfgang Benz. Berlin: De Gruyter 2013, S. 244f., hier S. 245.

144 Produktbeschreibung zu *Der große Wendig* (Band 5) im Online-Shop Hohenrain Verlag. URL: http://www.buchdienst-hohenrain.de/Grabert-Hohenrain-Titel/Neuerscheinungen/Kosiek-Rolf-Rose-Olaf-Der-Grosse-Wendig-Band-5.html [22.05.2017].

145 Produktbeschreibung zu *Kunst und Unkunst* im Online-Shop Hohenrain Verlag. URL: http://www.buchdienst-hohenrain.de/Grabert-Hohenrain-Titel/Neuerscheinungen/Bethge-Wolfgang-Kunst-und-Unkunst.html [22.05.2017].

irreparabel verändern und binnen weniger Jahre nicht mehr erkennbar sein wird. [...] Diese Schrift wendet sich daher an alle, die sich mit dem eigenen Verschwinden nicht abfinden wollen.[146]

Zudem gibt Hohenrain »das Zentralorgan ›revisionistischer‹ Geschichtsfälschung«[147] *Deutschland in Geschichte und Gegenwart* heraus, in dem neben Neonazis wie dem NPD-Politiker Rolf Kosiek auch Größen der neurechten Szene wie de Benoist veröffentlichen.[148] Laut Maegerle werden die Hohenrain- und Grabert-Bücher »vorwiegend über Direktmarketing« vertrieben, Kunden erhalten einen »Buchberater« mit Neuerscheinungen und älteren Titeln. Werbung betreibt der Verlag »per Anzeigen in einschlägigen Szeneblättern«, aber in der Vergangenheit auch gelegentlich in etablierten Medien wie 2000 im Programmheft des 43. Deutschen Historikertages sowie 1996 im Börsenblatt.[149]

Die Forschung betont mehrfach die hohe Bedeutung des Hohenrain bzw. Grabert Verlags und seine große Reichweite. Innerhalb des Rechtsextremismus nimmt der Hohenrain Verlag »eine überaus wichtige Rolle als Ideologiebereiter« ein,[150] im Bereich des Revisionismus fungiert er zudem als Bezugsgröße mit »vermeintlich wissenschaftliche[r] Kompetenz«.[151] Über die eigene Szene hinaus ist es ihm gelungen, eine Brücke zum Konservatismus und zu Teilen der übrigen Gesellschaft zu schlagen, insbesondere durch die Hohenrain-Neugründung.[152] Der Verlag ist (als einziger der hier zusammengetragenen rechtsextremen Verlage) seit 1986 Mitglied im Börsenverein des Deutschen Buchhandels. Da dieser eine Monopolstellung innehat, lässt die Aufnahme eines Mitglieds keine Aussage darüber zu, ob diese Mitgliedschaft seitens des Börsenvereins erwünscht ist. Ob dem Verlag die Mitgliedschaft zu Gute gekommen ist bzw. zu Gute kommt, muss an dieser Stelle offen blei-

---

146 Produktbeschreibung zu *Asyl-Tsunami* im Online-Shop Hohenrain Verlag. URL: http://www. buchdienst-hohenrain.de/Grabert-Hohenrain-Titel/Neuerscheinungen/Asyl-Tsunami.html [22.05.2017].

147 Bauernschmidt, Michael u. a.: Grabert-Verlag/Hohenrain-Verlag. Deutschland in Geschichte und Gegenwart (DGG). In: Handbuch deutscher Rechtsextremismus (Antifa Edition). Hrsg. von Jens Mecklenburg. Berlin: Elefanten-Press 1996, S. 411–413, hier S. 413.

148 Vgl. Hohenrain Verlag. Deutschland in Geschichte und Gegenwart. URL: http://www.buchdienst-hohenrain.de/Zeitschriften/Deutschland-in-Geschichte-und-Gegenwart.html [22.05.2017].

149 Maegerle: Rechtsextreme Publikationsorgane und -strategien, S. 88.

150 Grumke: Handbuch Rechtsradikalismus, S. 453.

151 Wetzel: Der Geschichtsrevisionismus und der *Grabert-Verlag*, S. 147.

152 Vgl. Pfeiffer: Rechtsextremismus light?, S. 179 sowie Pfahl-Traughber: Rechtsextremismus, S. 117f.

ben.[153] In der Geschichte des Verlags sind mit den Inhaberwechseln 1978 und 2013 Modernisierungen erkennbar gewesen, wobei letztere noch nicht abgeschlossen und deshalb auch noch nicht vollständig zu beurteilen ist. Die Hinwendung zu aktuellen Themen bringt möglicherweise eine Vernachlässigung des kontinuitätsreichen Revisionismus mit sich. Lag der Fokus stets auf der Vergangenheit, scheint er nun mehr in die Gegenwart zu rücken – ob der größte Verlag des Rechtsextremismus sich deshalb neu orientiert, wenn auch mit gleichem ideologischem Hintergrund, bleibt abzuwarten.

KLOSTERHAUS VERSANDBUCHHANDLUNG

Der Klosterhaus Verlag wurde 1951 von Hans Grimm, Autor des rassistischen Romans *Volk ohne Raum*,[154] gegründet und später von seiner Tochter Holle übernommen. Nach deren Tod 2008 führte die Rechtsextremistin Margret Nickel den Verlag mit integriertem Buchladen und -versand weiter. Seinen Sitz hat er seit seiner Gründung in einem ehemaligen Kloster in Wahlsburg-Lippoldsberg, Hessen.[155] Revisionistische Titel bilden den Schwerpunkt des Verlagsprogramms, so etwa *Die wahren Kriegstreiber und ihre Schandtaten* und *Kriegsursachen, Kriegsschuld, Kriegsverbrechen, Kriegsfolgen*. Daneben zeugen Publikationen von der völkischen (*Die geplante Vernichtung. Der Weg zur Weltherrschaft*) und antijudaistischen (*Der Babylonische Talmud. Ein Querschnitt aus dem großen Sammelwerk*) Ausrichtung. Eine Verbindung zur *Gesellschaft für freie Publizistik* besteht offensichtlich, da die im Impressum angegebenen Adressen übereinstimmen.[156]

Die Webpräsenz weist zahlreiche Flüchtigkeits- und Rechtschreibfehler auf, bietet häufig eine unvollständige Artikeldarstellung und präsentiert ein schlecht lesbares und niedrig aufgelöstes Banner.[157] Dieser unzulängliche Auf-

153 E-Mail-Auskunft von Gudrun Knapp (Börsenverein des Deutschen Buchhandels) vom 04. Juli 2016 an die Verfasserin.
154 Vgl. Grimm, Hans: Volk ohne Raum. In: Kindlers Literatur Lexikon Online. URL: http://kll-aktuell. cedion.de/nxt/gateway.dll/kll/g/ko252700.xml/ko252700_010.xml?f=templates$fn=index. htm$q=%5Brank,500%3A%5Bdomain%3A%5Band%3A%5Bfield,body%3Ahans%20 grimm%5D%5D%5D%5Bsum%3A%5Bfield,lemmatitle%3Ahans%20 grimm%5D%5Bfield,body%3Ahans%20ogrimm%5D%5D%5D$x=server$3.0#LPHit1[22.05.2017].
155 Vgl. Meyer, Carsten/Feldmann, Julian: Geehrte Rechtsextremistin. In: Frankfurter Rundschau Online. 11. September 2012. URL: http://www.fr-online.de/rhein-main/nordhessen-rechtsextreme-geehrte-rechtsextremistin,1472796,17227704.html [22.05.2017].
156 Vgl. Gesellschaft für freie Publizistik. Impressum. URL: http://www.gfp-netz.de/ [22.05.2017].
157 Klosterhaus Versandbuchhandlung. Startseite. URL: http://klosterhausbuch.de/ [22.05.2017] Z.B.: »Wir helfen beim besorgen!« [Doppeltes Leerzeichen und falsche Rechtschreibung im Original]

tritt zeugt nicht von Professionalität und lässt eine geringe Außenwirkung vermuten, während das Angebot des Versandhandels jedoch sehr groß ist.

LESEN & SCHENKEN

Die Mediengruppe Lesen & Schenken GmbH versammelt die Verlage Arndt, Bonus, Edition Zeitgeschichte, Pour le Mérite und den Kalenderverlag Orion-Heimreiter unter ihrem Dach, sowie die Zeitschriften *Zuerst!* (Nachfolger von *Nation & Europa*) und *Deutsche Militärzeitschrift*. Geschäftsführer des Unternehmens mit Sitz in Martensrade, Schleswig-Holstein, ist der rechtsextreme Dietmar Munier.[158] Über eine aktive Homepage verfügt die Verlagsgruppe zurzeit nicht,[159] weshalb im Folgenden ausschließlich auf Forschungsliteratur, Sekundärquellen und den Katalog der Deutschen Nationalbibliothek zurückgegriffen wird.

Der 1963 gegründete und 1983 von Munier übernommene Arndt-Verlag »gilt als einer der größten und wichtigsten Verlage«[160] der extremen Rechten. Zum Programm des Arndt-Verlags gehören revisionistische Titel wie *Im Heimatland in Feindeshand* und *Flucht aus Ostpreußen 1945. Die Menschenjagd der Roten Armee* und Nazi-Apologetisches wie *Reichsautobahn. Schönheit, Natur, Technik*. Auch die Forschungsliteratur betont den Schwerpunkt des Programms auf Revisionismus,[161] die ehemaligen Ostgebiete und auf »Heimatromantik«.[162] Ähnlich fügen sich auch die Titel des Pour le Mérite-Verlags zusammen, z. B. mit *Verbrechen an der Wehrmacht. Kriegsgreuel der Roten Armee 1941/42* und *Deutsche Opfer. Alliierte Täter 1945*. Die Edition Zeitgeschichte publiziert revisionistisch-nostalgische Nazi-Literatur wie *Offensive gegen Kursk* und *Freiwillig zur Waffen-SS*. Im Bonus-Verlag erscheinen neben völkisch-nationalistischen Büchern (z. B. *Das deutsche Drama. Von den Gastarbeitern bis zur Völkerwanderung aus Afrika*) auch der nostalgische Bildband *Die Briefmarken des Dritten Reiches*.

158 Vgl. Maegerle, Anton: Geschichtsrevisionistische Fusion. In: blick nach rechts. 19. Februar 2014. URL: http://www.bnr.de/artikel/hintergrund/geschichtsrevisionistische-fusion [22.05.2017].

159 Vgl. Lesen & Schenken. Website. URL: http://www.lesenundschenken.de/ [22.05.2017]. Die Website scheint sich im Umbau zu befinden (»Unser Netzladen wird derzeit überarbeitet.«) und weist deshalb außer einer Kontaktmöglichkeit keine weiteren Informationen auf. Es ist außerdem nicht ersichtlich, ob Lesen & Schenken ein Verlag mit Imprints ist oder ein Unternehmen mit unterstellten, eigenständigen Verlagen.

160 Grumke: Handbuch Rechtsradikalismus, S. 447.

161 Vgl. etwa ebd., S. 446.

162 Bauernschmidt, Michaela u. a.: Arndt-Verlag. In: Handbuch deutscher Rechtsextremismus (Antifa Edition). Hrsg. von Jens Mecklenburg. Berlin: Elefanten-Press 1996, S. 398f., hier S. 398.

Trotz des beträchtlichen Umfangs, der Größe des Unternehmens und seines wirtschaftlichen Erfolgs[163] ist nicht allzu viel über es bekannt. Nicht zuletzt mag dies an der inaktiven Webseite liegen sowie an dem Umstand, dass seit 2013 kein Verfassungsschutzbericht mehr Lesen & Schenken oder einen der zugehörigen Verlage namentlich erwähnen darf, da diese lediglich als »Verdachtsfälle« gelten.[164] Gleichzeitig sind das Programm und Muniers Aktivitäten[165] eindeutig in das neonazistische Lager mit revisionistischer Tendenz einzuordnen.

WINKELRIED VERLAG

Der Winkelried Verlag in Naunhof, Sachsen, wird von Dankwart Strauch geführt,[166] vorheriger Inhaber war der »Multifunktionär der Szene« Eric Kaden.[167] Das Verlagsprogramm ist durch drei sich überschneidende Hauptgebiete gekennzeichnet: Revisionismus, apologetische Nazi- und Kriegs-Nostalgie und Militaria. Einschlägige Titel sind etwa *Tulle und Oradour. Die Wahrheit über zwei Vergeltungsaktionen der Waffen-SS*, *Hitler wie ich ihn sah. Aufzeichnungen seines Leibfotografen* und *Brände an der Oder*, über das es heißt:

> *Dieses Buch zeichnet [...] das furchtbare Bild von Flucht und Vertreibung aus Schlesien sowie den erbitterten und auszehrenden Kampf deutscher und verbündeter Soldaten im Frühjahr 1945 nach.*[168]

Insbesondere persönliche Erinnerungen von Soldaten der Wehrmacht und Waffen-SS bietet der Verlag in Fülle an, wofür beispielhaft die Reihe *Landser am Feind* genannt sei, in der bisher zwölf Bücher erschienen sind.[169] Mehrfach veröffentlichte Winkelried auch Bücher des Holocaustleugners David Irving (etwa *Adolf Hitler. Führer und Reichskanzler 1933–1945*) sowie die von Kaden verfasste und 2009 indizierte Biographie *Kurt Eggers. Vom Freikorps zur Waffen-SS*.[170]

---

163 Vgl. Verfassungsschutzbericht 2012, S. 130.

164 Vgl. Bericht der Landesregierung. Verfassungsschutzbericht 2013. Drucksache 18/1810. Schleswig-Holsteinischer Landtag. 15. April 2014, S. 43.

165 Vgl. dazu Verfassungsschutzbericht 2012, S. 130.

166 Vgl. Winkelried Verlag. Impressum. URL: http://www.winkelried-verlag.de/impressum.htm [22.05.2017].

167 Kaden, Eric. In: Belltower News. 01.05.2008. URL: http://www.belltower.news/lexikontext/kaden-eric [22.05.2017]. Informationen zur Gründung sind nicht bekannt.

168 Produktbeschreibung zu *Brände an der Oder* im Online-Shop Winkelried Verlag. URL: http://www.winkelried-verlag.de/buecher/haas-braende-an-der-oder.htm [22.05.2017].

169 Vgl. Winkelried Verlag. Reihe Landser am Feind. URL: http://www.winkelried-verlag.de/buecher/landser-am-feind/index.htm [22.05.2017].

170 Schriftliche Fragen mit den in der Woche vom 29. März 2010 eingegangenen Antworten der Bundesregierung. Drucksache 17/1298. Deutscher Bundestag. 01. April 2010. Abrufbar unter URL:

4.2.2 Andere neonazistische Verlage

ADORIA-VERLAG

Der Adoria-Verlag aus Naunhof, Sachsen, gehört wie der Winkelried Verlag und der Deutsche Buchdienst/Buchdienst Kaden dem Rechtsextremist Dankwart Strauch. Der Verlag selbst hat keine eigene Webseite, das Impressum des Deutschen Buchdienstes allerdings verweist auf ihn.[171] Darüber hinaus ist über den Verlag nicht viel bekannt, auch einschlägige Internetportale wie bnr.de berichten nicht über ihn. Der Katalog der Deutschen Nationalbibliothek listet jedoch einige Publikationen des Verlags auf. So gehören zum Programm in erster Linie jene einschlägigen Titel über den Zweiten Weltkrieg aus nazi-deutscher Perspektive wie *Mein Kriegstagebuch. Aufzeichnungen eines Stukafliegers* von Wehrmacht-Offizier Hans-Ulrich Rudel und *Bewegtes Leben. Kampf- und Jagdflieger 1935–1945* von Hajo Herrmann, der laut dem *Netz gegen Nazis* nach seiner Fliegerkarriere als Rechtsanwalt Alt- und Neonazis und Holocaustleugner verteidigte.[172] Auch ein Buch zum Mythos Rudolf Heß findet sich im Programm: *Churchills Friedensfalle. Das Geheimnis des Heß-Fluges 1941* sowie Militaria (*Deutsche Gebirgsjäger. Uniformen und Ausrüstung 1939–1945*).

Es ist auffällig, dass trotz des offensichtlich neonazistischen Programms und der recht regen Titelproduktion Informationen über den Verlag nur schwer zu erhalten sind. Möglicherweise ist das Fehlen einer Website hier ein strategischer Zug Strauchs, indem er außerhalb der öffentlichen Wahrnehmung agiert.

BUBLIES VERLAG

Der Bublies Verlag von Siegfried Bublies sitzt in Schnellbach, Rheinland-Pfalz[173]. Das Programm des Verlags ist breit aufgestellt: Es reicht von populistischer Fremdenfeindlichkeit (*Migrantengewalt. Wie sich unser Staat selbst entmachtet*) über Romane von Hermann Sudermann bis hin zu CDs wie *Heimatklänge aus Ostpreußen*. Daneben stehen Bücher, »die den Nationalso-

---

http://www.petrapau.de/17_bundestag/dok/down/171298_rechtsextremismus.pdf [22.05.2017].

171 Vgl. Deutscher Buchdienst. Impressum. URL: http://buchdienst-kaden.de/impressum.htm [22.05.2017].

172 Vgl. Herrmann, Hajo. In: Belltower News. 03. Mai 2008. http://www.belltower.news/lexikontext/herrmann-hajo [22.05.2017].

173 Vgl. Bublies Verlag. Impressum. URL: http://www.bublies-verlag.de/contents/de/contactus.html [22.05.2017]. Informationen zur Gründung sind nicht bekannt.

zialismus verherrlichen«, so Maegerle:[174] hiervon zeugen Titel der Vertriebenenthematik (*Vertreibung und Vertreibungsverbrechen 1945–1948*), über an Deutschen begangene Kriegsverbrechen (*Die Hingerichteten von Landsberg und der Spöttinger Friedhof*), revisionistischer Historiker (Franz Seidler und Werner Maser) sowie diverse biographische Erinnerungen verschiedener Nazigrößen wie Großadmiral Erich Raeder (*Mein Leben*), Hasso von Manteuffel (»einer unserer begnadeten Panzerführer«)[175] und Generalfeldmarschall Albert Kesselring, der in seinem Buch *Gedanken zum Zweiten Weltkrieg* »die hervorragenden Leistungen der Deutschen Wehrmacht« lobt.[176] Über den Schwerpunkt des Dritten Reiches hinaus bietet Bublies auch einige Titel aus dem Spektrum der Neuen Rechten an, z. B. über die Vertreter der Konservativen Revolution Ernst Niekisch und Friedrich Hielscher.

Das Verlagsprogramm erschwert eine eindeutige Zuordnung in das rechtsextreme Spektrum, da es sowohl neurechte, revisionistische als auch heimatbezogene und NS-verherrlichende Inhalte aufweist. Die neonazistische Tendenz scheint aufgrund der vielen Publikationen zum Dritten Reich zu überwiegen; Im Kontext der Neuen Rechten muss der Verlag jedoch genauso bedacht werden, da er auch hier vernetzt ist, etwa auf der Website des Verlags Antaios.[177] Siegfried Bublies ist auch Inhaber des Lindenbaum Verlags – der jedoch weniger auf die faschistische Vergangenheit rekurriert, als allgemein auf die »deutsche Volkskultur« – und des Sinus Verlags mit Titeln aus den Bereichen Gesundheit und Umwelt.[178]

NATION & WISSEN VERLAG

Der Nation & Wissen Verlag mit Sitz in Riesa, Sachsen, wurde 2011 gegründet, Inhaber ist der NPD-Politiker Marko Beutler.[179] Nach Eigenaussage stützt sich der Verlagsschwerpunkt »auf die Sparten Zeitgeschichte, Politik,

---

174 Maegerle: Blätter gegen Zeitgeist und Dekadenz, S. 204.

175 Produktbeschreibung zu *Panzerkampf im Zweiten Weltkrieg* im Online-Shop Bublies Verlag. URL: http://www.bublies-verlag.de/contents/de/d176.html#p384 [22.05.2017].

176 Produktbeschreibung zu *Gedanken zum Zweiten Weltkrieg* im Online-Shop Bublies Verlag. URL: http://www.bublies-verlag.de/contents/de/p291.html [22.05.2017].

177 Vgl. Verlag Antaios. Bücher anderer Verlage: Verlag Bublies. URL: https://antaios.de/buecher-anderer-verlage/verlag-bublies/ [22.05.2017],

178 Lindenbaum Verlag. Website. URL: http://www.lindenbaum-verlag.de/index.html sowie Sinus Verlag. Website. URL: http://www.sinus-verlag.de/ [alle 22.05.2017].

179 Vgl. Maegerle, Anton: Rechtsextreme Devotionalien aus Riesa. In: blick nach rechts. 27. September 2012. URL: http://www.bnr.de/artikel/aktuelle-meldungen/rechtsextreme-devotionalien-aus-riesa [22.05.2017].

Militaria und Heimatbücher«.[180] Tatsächlich sind in erster Linie Erinnerungen deutscher Soldaten aus dem Zweiten Weltkrieg zu finden wie *SS-Hauptsturmführer Karl Heinz Lorenz. Vom Junkerschüler zum Kompanieführer*, das »einen Einblick in das erlebnisreiche Leben dieses tapferen und unerschrockenen Soldaten« gewährt,[181] sowie »Ich habe meine Pflicht erfüllt!« *Ein Junker der Waffen-SS berichtet.* Bücher des Bereichs Militaria konzentrieren sich ebenso auf das Dritte Reich und den Zweiten Weltkrieg, so der hochpreisige und aufwändig gestaltete Band *Deutsche Fallschirmjäger. Uniformierung und Ausrüstung 1936–1945.* Daneben finden sich einzelne Titel zu weiteren Themen wie Vertreibung (*Wir aber mußten es erleben*) oder der Heimatroman *Kornblumen* des rechtsextremen Publizisten Walter Marinovic. Insgesamt liegt der Schwerpunkt der Verlagsprodukte auf Kriegserinnerungen mit revisionistischer Tendenz, der zugehörige Nation & Wissen Versand bietet außerdem, so Maegerle, »alles [an], was das braune Herz begehrt«.[182]

NORDLAND-VERLAG

Der Nordland-Verlag sitzt in Fretterode, Thüringen. Inhaberin ist Nadine Heise, Ehefrau des NPD-Bundesvorstandsmitglieds Thorsten Heise.[183] Der Verlag scheint die Tradition des SS-Verlags Nordland fortsetzen zu wollen, was an der Namensauswahl und dem im Grunde identischen Signet erkennbar ist. Er selbst charakterisiert sich wie folgt: »Der etwas andere Verlag! Wir greifen Themen auf[,] um die andere Verlage einen großen Bogen machen!«[184] Das sehr überschaubare Programm weist Titel wie *Als Siebenbürger Sachse bei der Waffen-SS. Ein Volksdeutscher im Strudel der Zeit* und *Blutzeugen. Beiträge zur Praxis des politischen Kampfes in der Weimarer Republik* über die faschistische Bewegung, zu der auch Horst Wessel gehörte, auf. Die Nähe zur NPD zeigt die Publikation *Der deutschen Zwietracht mitten ins Herz. Mein Weg mit der NPD* des mehrjährigen Parteivorsitzenden Udo Voigt. Zudem gibt der Nordland-Verlag die Zeitschrift *Volk in Bewegung. Der Reichsbote* heraus, das sich »als Theorieorgan der völkisch sozialen

---

180 Nation & Wissen Verlag. Startseite. URL: http://www.nation-und-wissen-verlag.de/index.html [22.05.2017].

181 Produktbeschreibung zu *Hauptsturmführer Karl H. Lorenz* im Online-Shop Nation & Wissen Versand. URL: http://www.nuw-versand.de/index.php?page=product&info=2315&x74e5f=7224cc5daec1a9cb058dd2b0f174cabd [22.05.2017].

182 Maegerle: Rechtsextreme Devotionalien aus Riesa.

183 Vgl. Maegerle, Anton: Stabwechsel. In: blick nach rechts. 06. April 2011. URL: http://www.bnr.de/content/stabwechsel-3 [22.05.2017]. Informationen zur Gründung sind nicht bekannt.

184 Nordland-Verlag. Startseite. URL: http://nordlandverlag.com/ [22.05.2017].

Bewegung der BRD« versteht[185] und dessen Ausgaben bereits mehrfach indiziert wurden.[186] Aufgrund der sehr kleinen Anzahl an Titeln ist ein Programmschwerpunkt nicht auszumachen, ein offener Bezug zu neonazistischer Ideologie ist durch die NPD-Nähe sowie durch die Anknüpfung an den SS-Verlag jedoch gegeben.

VERLAG DER SCHELM

Der Verlag Der Schelm mit Sitz in Leipzig wurde 2014 gegründet,[187] Inhaber ist Adrian Preißinger.[188] Im Sommer 2016 erregte der Verlag Aufsehen mit der Ankündigung, einen unkommentierten Faksimiledruck von Hitlers *Mein Kampf* zu veröffentlichen, der als »Wissenschaftlicher Quellentext« ausgewiesen wird.[189] Dieser Text ist Teil einer ganzen Reihe von Nachdrucken rassistischer, faschistischer und insbesondere antisemitischer Texte, darunter ›Klassiker‹ wie Joseph Goebbels' *Das Buch Isidor*, Alfred Rosenbergs *Der staatsfeindliche Zionismus* oder Henry Fords *Der internationale Jude*. Indes distanziert der Verlag »sich von jedweden verleumderischen, hetzerischen, beleidigenden und die menschliche Würde angreifenden Passagen, insbesondere von jeglicher Schmähkritik am Judentum.«[190] Die Glaubhaftigkeit dieser Aussage wird durch Aktivitäten Preißingers jedoch deutlich geschmälert: So hat der Verleger bereits mehrere Verurteilungen und Ermittlungen wegen Verleumdung und Volksverhetzung (u. a. aufgrund Holocaust-leugnender Aussagen) vorzuweisen.[191] Auch die Tatsache, dass das Vorwort zur *Mein Kampf*-Ausgabe von Fredrick Töben stammt, dem Gründer des *Adelaide Institute*, einer australischen Vereinigung von Holocaust-Leugnern,[192] trägt nicht dazu bei, in der Herausgabe der hetzerischen Nachdrucke einen wissenschaftlichen oder aufklärerischen Beweggrund zu erkennen. Zudem bietet der Verlag einige neue Titel an, die den Eindruck eines tatsächlich

---

185 Volk in Bewegung. Startseite. URL: http://www.volkinbewegung.de/index.html [22.05.2017].

186 Vgl. Volk in Bewegung. Archiv. URL: http://www.volkinbewegung.de/archiv.html [22.05.2017].

187 Produktbeschreibung zu *Der internationale Jude* im Online-Shop Verlag Der Schelm. URL: http://derschelm.de/product_info.php?info=p63_ford--der-internat--jude.html [22.05.2017]. Die ursprünglich zur Recherche genutzte Website ist nicht mehr verfügbar. (URL: http://www.volkstod.com/ [08.07.2016].)

188 Vgl. Verlag der Schelm. Impressum. URL: http://derschelm.de/shop_content.php?coID=4 [21.05.2017].

189 Produktbeschreibung zu *Mein Kampf* im Online-Shop Verlag Der Schelm. URL: http://derschelm.de/product_info.php?info=p113_hitler--adolf--mein-kampf.html [22.05.2017]

190 Produktbeschreibung zu *Der internationale Jude* im Online-Shop Verlag Der Schelm. URL: http://derschelm.de/product_info.php?info=p63_ford--der-internat--jude.html [22.05.2017].

191 Vgl. Kellerhoff, Müller: Das Netzwerk der braunen Verlage.

192 Vgl. Adelaide Institute. Website. URL: http://www.adelaideinstitute.org/ [22.05.2017].

rechtsextremen Verlags, ohne Distanz zu den Quellentexten, verstärken, so die rassistische Publikation *Der geplante Volkstod:*

> *Die Masseneinwanderung ist [...] die Verwirklichung eines seit 1925 existierenden Plans zur Zerstörung der weißen Völker durch Vermischung. [...] Das Endziel der Akteure hinter den Kulissen besteht in der Schaffung einer gemischtrassigen Bevölkerung ohne Traditionen und Ideale, die zum organisierten Widerstand unfähig ist[.]*[193]

Der Versuch des Verlags, sich von rassistischen Inhalten zu distanzieren, scheitert, sobald die Hintergründe der Akteure und die Publikationen genauer betrachtet werden. Somit ist der Verlag als rechtsextrem einzustufen und kann aufgrund der vielen Reprints verschiedener Nazigrößen der neonazistischen Szene zugeordnet werden.

VERLAG LIBERGRAPHIX

Inhaber des Verlags libergraphix mit Sitz in Gröditz, Sachsen, ist Matthias Beier, NPD-Politiker,[194] das Lektorat besorge Adrian Preißinger, so ein Artikel des linken Nachrichtenportals *Indymedia linksunten*.[195] Der Verfassungsschutz erwähnt den Verlag erstmals 2012 und bezeichnet ihn als »im Aufbau befindlich«.[196] Libergraphix ist eingebettet in den Versandhandel Label33.

Mit *Ritterkreuzträger aus Sachsen 1939–1945* legt der Verlag eine dreibändige Publikation mit Nazi-apologetischer Tendenz vor: »Dem Leser werden nicht nur die Waffentaten, die mit der Verleihung des Ritterkreuzes belohnt wurden, vor Augen geführt, sondern er erfährt auch Privates und Familiäres.«[197] Offen völkisch-rassistische Ideologie findet sich im »Zukunftsroman« *Das Kreuz des Südens – Exodus aus Europa* (»Einem kurzen Kampf der Kulturen folgt in vielen Ländern der totale Kulturumsturz und die Machtergreifung durch das allgegenwärtige farbige Lumpenproletariat.«)[198] sowie

---

193 Website zum Buch *Der geplante Volkstod*. URL: http://www.volkstod.org/ [22.05.2017]

194 Vgl. Maegerle, Anton: Antijüdisches Machwerk beim Leevensboom-Versand. In: blick nach rechts. 12. Dezember 2012. URL: http://www.bnr.de/artikel/aktuelle-meldungen/antijuedisches-machwerk-beim-leevensboom-versand [22.05.2017].

195 Vgl. Freundeskreis Gamma: Gamma: Sachsen – kurz & knapp. In: Indymedia linksunten. 31. August 2011. URL: https://linksunten.indymedia.org/de/node/46052 [22.05.2017].

196 Verfassungsschutzbericht 2012, S. 128.

197 Produktbeschreibung zu *Ritterkreuzträger aus Sachsen 1939–1945. Bd. 1: A – J* im Online-Shop Label33. URL: http://www.label33.de/Michael-G-Schindler-Ritterkreuztraeger-aus-Sachsen-1939-1945-Band-1 [22.05.2017].

198 Produktbeschreibung zu *Das Kreuz des Südens – Exodus aus Europa. Ein Zukunftsroman* im Online-Shop Label33. URL: http://www.label33.de/Johannes-Scharf-Das-Kreuz-des-Suedens-Exodus-aus-Europa-Ein-Zukunftsroman [22.05.2017].

in *Antigermanismus, Globalismus, Multikulti*. Des Weiteren veröffentlicht libergraphix die völkischen Theorien zum Judentum des Rassisten Kevin B. MacDonald (*Der jüdische Sonderweg. Der Judaismus als evolutionäre Gruppenstrategie*).[199]

Der Versand und die libergraphix-Bücher sind durch völkisch-rassistische Aussagen und den Bezug zum Dritten Reich dem Neonazismus zuzuordnen. Der Internetauftritt des Verlags und Versands wirkt durch Aufmachung und Angebot modern und jugendlich, Label33 ist zudem bei Facebook vertreten und erfreut sich dort großer Beliebtheit,[200] wovon der Verlag ebenso profitiert.

ZEITREISEN VERLAG & AGENTUR

Der Zeitreisen-Verlag ist in Bochum ansässig und wird von Marc Meier zu Hartum geleitet.[201] Der Verlag verfügt nach Selbstaussage über ein »exklusive[s] Angebot an brisanten Büchern und Filmen zu den Themenbereichen: Esoterik, Gesundheit, Krisenvorsorge sowie Militär- und Zeitgeschichte.«[202] Im Bereich der Militär- und Zeitgeschichte fokussiert sich der Verlag auf das Dritte Reich und den Zweiten Weltkrieg. Hier erscheinen Bücher wie *Die Beseitigung der Arbeitslosigkeit im Dritten Reich* und *Fronterlebnisse. Hochdekorierte Soldaten erinnern sich*, das als »einmaliges Stück deutscher Zeitgeschichte gegen das Vergessen und gegen den Krieg« angepriesen wird.[203] Zudem gibt der Verlag die Reihe Zeitzeugen berichten heraus, in der Alt-Nazis wie der ehemalige persönliche Adjutant Hitlers, Fritz Darges, ihre Erinnerungen veröffentlichen. Auch Bücher über den Okkultismus des Dritten Reichs wie *Der Rasputin Himmlers*, »ein Standardwerk zur Erforschung der okkulten Wurzeln des Nationalsozialismus« von Rudolf Mund, Komtur des Neutempler-Ordens,[204] erscheinen im Verlag. Während die Bücher des Ver-

---

199 MacDonald ist Herausgeber der rassistischen US-amerikanischen Zeitschrift *The Occidental Quarterly* (Vgl. The Occidental Quarterly. About TOQ. URL: http://www.toqonline.com/about/ [22.05.2017].)

200 10.168 Gefällt-mir-Angaben am 04. Juli 2016 (vgl. Label33. Facebook-Seite. URL: https://www.facebook.com/label33.de/ [04.07.2016; Stand 22. Mai 2017: Website nicht mehr aktiv])

201 Vgl. Zeitreisen-Verlag. Impressum. URL: http://www.zeitreisen-verlag.de/Impressum.html [22.05.2017]. Informationen zur Gründung sind nicht bekannt.

202 Zeitreisen-Verlag. Startseite. URL: http://www.zeitreisen-verlag.de/ [22.05.2017].

203 Produktbeschreibung zu *Fronterlebnisse – hochdekorierte Soldaten erinnern sich* im Online-Shop Zeitreisen-Verlag. URL: http://www.zeitreisen-verlag.de/Buecher/Der-2Weltkrieg/Spezialeinheiten/LosertA-Fronterlebnisse--hochdekorierte-Soldaten-erinnern-sich.html [22.05.2017].

204 Produktbeschreibung zu *Der Rasputin Himmlers* im Online-Shop Zeitreisen-Verlag. URL: http://www.zeitreisen-verlag.de/Buecher/Abenteuer-Wissen/Okkultismus/Mund-Der-Rasputin-Himmlers.html

lags im Dritten Reich zwar einen Schwerpunkt, aber keine eindeutige Positionierung erkennen lassen, sind die Filme hier aussagekräftiger: Von Revisionismus zeugen die aufgezeichnete Rede des neurechten Historikers Hellmut Diwald, *Politischer Wille gegen historische Wahrheit,* und *Wollte Hitler den Krieg?* mit einem Vortrag des rechtsextremen Revisionisten Walter Post.[205] Gemeinsam mit der angegliederten Agentur Meier zu Hartum verfügt der Verlag über ein Blog, eine Facebook-Seite und einen Youtube-Kanal und veröffentlicht dort u. a. Filme aus dem Dritten Reich als Primärquelle.

Die Veröffentlichungen des Verlags legen erst bei genauerem Hinsehen und Hinterfragen eine rechtsextreme Positionierung offen. Dies ist möglicherweise auch der Grund für die fehlende Aufmerksamkeit für den Verlag in der Forschungsliteratur, doch selbst einschlägige Onlineportale beziehen sich nur stark vereinzelt auf ihn.[206]

4.3 Sonstige rechtsextreme Verlage

FORSITE VERLAG

Der Forsite Verlag wurde 2004 gegründet, um sich dem »Schrifttum zur europäischen Frühgeschichte & Mythologie« zu widmen. Nach Selbstaussage liegt der Programmschwerpunkt »auf thematischen Sammelbänden und Reiseführern zu frühgeschichtlichen Stätten«, seit 2008 werden auch verstärkt Titel aus dem Bereich »Geheimwissen« veröffentlicht.[207] Von 2011 bis 2014 war der Verlag dem inzwischen aufgelösten Parzifal e.V. angeschlossen, welcher laut Selbstaussage bestrebt war, »aus dem Erbe der Ahnen ein Verständnis für die Gegenwart und Ansätze für die Zukunft zu erarbeiten.«[208] Eingetragener Inhaber von Verein und Verlag ist Dennis Krüger aus Bottrop.[209]

Dieses »Erbe der Ahnen« wird »erarbeitet« in Publikationen wie *Der Ahnenreiseführer – Europa* und *Die arktische Heimat in den Veden. Der Ur-*

[22.05.2017].

205 Vgl. Maegerle, Anton: Stelldichein der Geschichtsverdreher. In: blick nach rechts. 13. Juni 2014. URL: http://www.bnr.de/artikel/hintergrund/stelldichein-der-geschichtsverdreher [22.05.2017].

206 Etwa: Ders.: Auf Hitlers Spuren wandern. In: blick nach rechts. 28. April 2005. URL: http://www. bnr.de/content/auf-hitlers-spuren-wandern; sowie Der Dalai Lama und die Nazis. In: trend onlinezeitung 05/2008. URL: http://www.trend.infopartisan.net/trd0508/t330508.html [alle 22.05.2017].

207 Forsite Verlag. Der Forsite Verlag. URL: http://www.forsite-verlag.de/index.php?id=5 [22.05.2017].

208 Forsite Verlag. Der Verein Parzifal e.V. URL: http://www.forsite-verlag.de/index.php?id=37 [22.05.2017]. Trotz Auflösung erscheint auf der Verlagswebsite noch der Parzifal e.V. im Header. Eine klare Trennung zwischen Verein und Verlag kann also nicht ausgemacht werden.

209 Vgl. Forsite Verlag. Impressum. URL: http://www.forsite-verlag.de/index.php?id=44 [22.05.2017].

sprung der Arier aus Nordeuropa, womit auch deutlich wird, welche Ahnen gemeint sind: die arischen. Noch deutlicher bezieht der Verlag Stellung mit Evolas *Grundrisse der faschistischen Rassenlehre,* das die »Rasse als revolutionäre[n] Gedanke[n]« preist.[210] Doch auch der deutsch-faschistische Okkultismus und seine Rassentheorien finden im Programm des Forsite Verlags ihren Platz. Neben *Das okkulte 3. Reich. SS-Forschungen zwischen Germanenkunde, Okkultwissenschaften & Geheimwaffentechnologie* und einer Schrift des SS-Hochschullehrers Karl August Eckhardt (*Irdische Unsterblichkeit*) zeugt die Quellensammlung *Indogermanisches Erbe & Drittes Reich* über die indogermanische Tradition im SS-Ahnenerbe von der rassistisch-okkulten Ideologie des Verlags. So solle die

heute teilweise befremdlich [wirkende Diktion] vieler Protagonisten der damaligen Zeit [...] nicht dazu verleiten [...], die Ideale dieser Generation von vorne herein als verbrecherisch einzustufen. Überschattet werden diese Ideale nicht zuletzt durch Ereignisse, die in Zusammenhang mit dem Krieg zwischen 1939 und 1945 standen, allein läßt sich daran nicht der Maßstab zur Beurteilung der geisteswissenschaftlichen Forschung dieser Zeit anlegen.[211]

Eine Veröffentlichung des Bereichs »Geheimwissen« ist z. B. Erich Ludendorffs *Wie der Weltkrieg 1914 »gemacht« wurde* »über die Endziele des Internationalen [Frei-]Maurertums in Bezug auf Deutschland«.[212] Der Forsite Verlag kann einem faschistischen Milieu zugeordnet werden, das sich hauptsächlich um die Thematik des Okkultismus und Neoheidentums gruppiert und laut Andreas Speit längst keine Randerscheinung mehr ist.[213]

Die Internetseite des Verlags hinterlässt einen besonderen Eindruck, ist sie doch sehr unkonventionell gestaltet: Eine Fülle an Bildern und Informationen lassen die Seite schnell überladen scheinen, die Animationen erinnern dabei an Computerspiele. Auch der angegliederte Shop weist spezielle Elemente auf, etwa ein schwebendes Telefon vor dem Hintergrund einer tiefro-

---

210 Produktbeschreibung zu *Grundrisse der faschistischen Rassenlehre* im Online-Shop Forsite Verlag. URL: http://www.forsite-verlag.de/shop/product_info.php?products_id=1045 [22.05.2017].

211 Produktbeschreibung zu *Indogermanisches Erbe & Drittes Reich* im Online-Shop Forsite Verlag. URL: http://www.forsite-verlag.de/shop/product_info.php?manufacturers_id=&products_id=750 [22.05.2017].

212 Produktbeschreibung zu *Wie der Weltkrieg 1914 »gemacht« wurde* im Online-Shop Forsite-Verlag. URL: http://www.forsite-verlag.de/shop/product_info.php?products_id=269 [22.05.2017].

213 Vgl. Speit, Andreas: Esoterik und Neoheidentum. Historische Allianzen und aktuelle Tendenzen. In: Handbuch deutscher Rechtsextremismus (Antifa Edition). Hrsg. von Jens Mecklenburg. Berlin: Elefanten-Press 1996, S. 709–732, hier S. 709f.

ten Wolkendecke im Banner.[214] Insgesamt zeugt die Internetseite weder von gestalterischer (Übersicht und Ästhetik) noch technischer Professionalität.

LICHTSCHLAG BUCHVERLAG

Der Lichtschlag Verlag von André F. Lichtschlag mit Sitz in Grevenbroich, Nordrhein-Westfalen, wurde 2000 gegründet.[215] Das Verlagsprogramm zeichnet sich durch den sogenannten *Libertarianismus* aus, der politisch einen liberalen Staat bzw. die Abschaffung des Staates insgesamt fordert, und ökonomisch einen Ultra-Kapitalismus auf der Grundlage des »freien Marktes«. Charakteristisch ist die Feindlichkeit gegenüber dem »Sozialismus in all seinen Farben«, der »Wohlstand, Vielfalt, Recht, Moral, Kultur und Leben« vernichte.[216] Was aufgrund der Staatsfeindlichkeit zunächst mit dem Rechtsextremismus nicht kompatibel scheint, räumt der Verlagsgründer selbst aus dem Weg: Er sucht ausdrücklich den Kontakt zu Nationalkonservativen.[217] Politikwissenschaftlerin Karin Priester sieht den »Sozialdarwinismus als Ideologie der naturgewollten Überlegenheit der Starken gegenüber den Schwachen, der Elite gegenüber der Masse« als »ideologisches Bindeglied« zwischen Rechtsextremismus und Libertarianismus.[218] So bietet Lichtschlag Titel aus der rechts-neoliberalen Theorie an wie *Das Räderwerk der Freiheit. Für einen radikalen Kapitalismus* und *Frei statt Staat!;* Titel über das Finanzsystem (*Geldreform: Vom schlechten Staatsgeld zum guten Marktgeld*), und solche, die von einer antipluralistischen Ausrichtung zeugen (z. B. *Schluss mit Demokratie und Pöbelherrschaft! Über die Illusion der Mitbestimmung*). Die Verbindung zur extremen Rechten stellt der Verlag außerdem unter Beweis mit *Operation Spaltung. Kriminalgeschichte der AfD*, das »der jungen Partei […] eine Orientierungshilfe anbieten« möchte,[219] sowie mit der völkisch-nationalistisch anmutenden Publikation *Völkerwanderung nach Deutschland*

---

214 Vgl. Forsite Verlag. Website. URL: http://www.forsite-verlag.de/ sowie Parzifal Versand. Website.URL: http://www.forsite-verlag.de/shop/ [alle 22.05.2017].

215 Vgl. Lichtschlag Buchverlag. Verlag. URL: http://lichtschlag-buchverlag.de/verlag [22.05.2017].

216 Lichtschlag Buchverlag. Verlag. URL: http://lichtschlag-buchverlag.de/verlag [22.05.2017].

217 Vgl. Ochsenreiter, Manuel: »Bürokratie macht staatliche Verbrechen möglich«. In: Junge Freiheit. 01. August 2003. URL: http://www.jungefreiheit-archiv.de/archiv03/313yy13.htm [22.05.2017].

218 Priester, Karin: Fließende Grenzen zwischen Rechtsextremismus und Rechtspopulismus in Europa? In: Aus Politik und Zeitgeschichte Nr. 44 vom 01.November 2010, S. 33–39, hier S. 38. Damit wird auch deutlich, dass der vermeintliche »Anarcho-Kapitalismus« (Libertarianismus) mit einem auf Gemeinschaft beruhenden, sozialistischen Anarchismus nichts gemein hat.

219 Produktbeschreibung zu *Operation Spaltung* auf der Website von Lichtschlag Buchverlag. URL: http://lichtschlag-buchverlag.de/programm/andre-f-lichtschlag/operation-spaltung [22.05.2017].

(»Unser Land riskiert seine Existenz«).[220] André F. Lichtschlag gibt auch die Zeitschrift *eigentümlich frei* heraus, die sich »[g]egen die zunehmende neosozialistische Enteignung« richtet.[221]

Was zunächst widersprüchlich scheint, offenbart bei genauerem Hinsehen viele Gemeinsamkeiten und attestiert dem Libertarianismus eine rechtsextreme Tendenz, oder wenigstens eine Aufgeschlossenheit gegenüber rechtsextremen Bewegungen. Dafür spricht auch die Verknüpfung zur neurechten Jungen Freiheit, für die Lichtschlag offenbar große Sympathien hegt. So ist z. B. auf der Facebook-Seite der Jungen Freiheit ein Foto zu sehen, auf dem Lichtschlag der Zeitung zu ihrem 30. Geburtstag gratuliert und sie anerkennend würdigt.[222]

VERLAG ANTON A. SCHMID

Über den Verlag Anton A. Schmid ist aus der Forschungsliteratur sowie aus thematisch verwandten Internetportalen nichts bekannt. Die Verlags-Website gibt ebenso keine Auskunft über Inhaber oder Gründung, sondern bezeichnet sich als »private, nichtkommerzielle Netzseite von Ilona Oertl«, die auf die »kernkatholische Literatur« des Verlags mit Sitz in Durach lediglich verweist.[223] Neben der offensichtlich katholisch-fundamentalistischen Ausrichtung des Verlags[224] weist das üppige und sehr breite Programm mehrere Elemente rechtsextremer Ideologie auf: Von völkisch-nationalistischer Fremdenfeindlichkeit zeugt u. a. *Geheimakte Bürgerkrieg* (Die »multikulturelle Gesellschaft [bringe] eine ganze Reihe negativer Begleiterscheinungen« mit sich).[225] Revisionismus betreibt der Verlag z. B. in »*Deutschland muss zugrunde gehen*« der Reihe »*Germaniam esse delendam*«. *Alliierte Vernichtungs- und*

---

220 Produktbeschreibung zu *Völkerwanderung nach Deutschland* auf der Website von Lichtschlag Buchverlag. URL: http://lichtschlag-buchverlag.de/programm/joachim-kuhnle/voelkerwanderung-nach-deutschland [22.05.2017].

221 eigentümlich frei. Warum eigentümlich frei. URL: http://ef-magazin.de/warum-ef/ [22.05.2017].

222 Vgl. Facebook-Seite der Jungen Freiheit. André F. Lichtschlag gratuliert zum 30. Geburtstag. 29. April 2016. URL: https://www.facebook.com/jungefreiheit/photos/pb.13479664941.-2207520000.1462332742./10154814978004942/ [22.05.2017].

223 Verlag Anton Schmid. Impressum. URL: http://www.verlag-anton-schmid.de/index.php?page=imprint [01.05.2017]. Auch zur Gründung ist nichts bekannt, lediglich ein Wikipedia-Eintrag verweist ohne Quellenangabe auf das Gründungsjahr 1988. (Sedisvakantismus. In: Wikipedia. URL: https://de.wikipedia.org/wiki/Sedisvakantismus [22.05.2017].)

224 »Die Sicherstellung des jenseitigen ewigen Heils der Menschen durch die Anbetung des Dreifaltigen Gottes ist unverrückbarer Kern des katholischen Glaubens.« (Verlag Anton Schmid. Startseite. URL: http://www.verlag-anton-schmid.de/main.php [22.05.2017].)

225 Produktbeschreibung zu *Geheimakte Bürgerkrieg* im Online-Shop Verlag Anton A. Schmid. URL: http://www.verlag-anton-schmid.de/index.php?page=detail&item=648&d= [22.05.2017].

Ausrottungspläne gegen Deutschland, indem Holocaust-Begrifflichkeiten auf die angeblich geplante Ausrottung Deutschlands angewendet werden: Durch Unfruchtbarmachung der Deutschen hätte »›die deutsche Frage‹ [...] einer ›Endlösung‹« entgegengeführt werden sollen.[226] Einen Schwerpunkt setzt Anton Schmid in antijudaistischen Schriften mit antisemitischer Tendenz. Davon zeugt die mehrbändige Publikation *Talmudismus. Erzfeind der Menschheit*, deren dritter Band wegen antisemitischer Aussagen indiziert wurde,[227] der Titel *Das Judentum im Geheimnis der Geschichte* des faschistischen Priesters Julio Meinvielle sowie diverse weitere. Der katholisch motivierte Hass des Verlags begrenzt sich indes nicht auf das Judentum, sondern agitiert ebenso gegen den »innerlich dämonisch beeinflußte[n] und äußerlich durch Juden irregeführte[n] Martin Luther« (*Martin Luther. Wegbereiter des Antichristen*),[228] gegen den Islam (*So erobert der Islam Europa*) und Buddhismus (*Christentum und Buddhismus sind unvereinbar*). Zudem propagiert der Verlag in zahlreichen Publikationen die Theorie einer »jüdisch-freimaurerische[n] Verschwörung gegen Thron und Altar, Kirche und freie Nationen mit dem Ziel der Errichtung einer antichristlichen Eine-Welt-Diktatur.«[229] Nicht zuletzt finden sich Größen des deutschen Faschismus im Programm wie »SS-Barde«[230] Edwin Erich Dwinger und Holocaustleugner Udo Walendy. Insgesamt zeichnet das Verlagsprogramm eine katholisch-fundamentalistische Ideologie, die in allem nicht-katholischen, insbesondere im Judentum, einen Feind erblickt und sich zu diesem Zweck auch Nazis und anderen Faschisten anschließt. Diese Ausformung des Rechtsextremismus scheint in Deutschland eine Ausnahme zu sein, weshalb der Verlag kaum mediale Aufmerksamkeit erfährt.

226 Produktbeschreibung zu »*Deutschland muss zugrunde gehen*« (Band 3 Teil 1) im Online-Shop Verlag Anton A. Schmid. URL: http://www.verlag-anton-schmid.de/index.php?page=detail&item=567&d= [22.05.2017].

227 Vgl. Jahresrückblick 2014. In: BPjM-Aktuell 1/2015, S. 20.

228 Produktbeschreibung zu *Martin Luther. Wegbereiter des Antichristen* im Online-Shop Verlag Anton A. Schmid. URL: http://www.verlag-anton-schmid.de/index.php?page=detail&item=572&d= [22.05.2017]. Dieser Vorwurf ist besonders absurd, da Luther selbst bekanntermaßen überzeugter Antisemit war.

229 Produktbeschreibung zu *Kleiner Überblick über die große Verschwörung* im Online-Shop Verlag Anton A. Schmid. URL: http://www.verlag-anton-schmid.de/index.php?page=detail&item=633&d= [22.05.2017].

230 Simon, Gerd: Chronologie Dwinger, Edwin Erich. Tübingen 2009. URL: https://homepages. uni-tuebingen.de//gerd.simon/ChrDwinger.pdf [22.05.2017].

4.4 Grenzbereiche: Einige Bemerkungen

Neben den bisher skizzierten existiert auch eine Vielzahl an Verlagen, die in jene Grenzbereiche einzuordnen sind, die bereits in Kapitel 2.2 angesprochen wurden. Was diese ausmacht, inwiefern sie also vom Rechtsextremismus zu differenzieren sind, soll hier erläutert werden. Zuallererst ist anzumerken, dass es generell problematisch ist, rechtsextremes Denken über den Bezug zu bestimmten Themen definieren zu wollen. So hat etwa das Aufgreifen systemkritischer Thesen zunächst keine Aussagekraft über die politische Einordnung, kann es doch von rechts genauso wie von links vorgebracht werden. Entscheidend für eine weltanschauliche Einstufung ist dabei vielmehr der mitgelieferte Erklärungsansatz: Wird z. B. die Familie Rothschild kritisiert, kann dies mit Antisemitismus einhergehen, wenn die jüdische Abstammung als Argumentation dient. Wird die Familie aber etwa im Kontext des globalen Wirtschaftssystems betrachtet, birgt dies allein kein rechtsextremes Denken im Sinne eines Credos der Ungleichheit. Auch die Kritik oder Feindschaft gegenüber linken Ideen, wie z. B. Genderkonzepten, bedeutet nicht zwangsläufig rechtes Gedankengut. Solch reflexartige Einordnungen bergen die Gefahr einer undifferenzierten, dualistischen Weltsicht.

Auf der anderen Seite ist nicht von der Hand zu weisen, dass etwa die erwähnten Themen häufig mit rechtsextremer Ideologie einhergehen, wie nationalistische oder völkische Denkmuster. So existieren einige Verlage, die sich sogenannten »Enthüllungen« widmen und damit häufig rechtspopulistische Klischees bedienen, hierunter der Argo-Verlag, der J. K. Fischer Verlag und die Verlage Kai Homilius, Manuscriptum und Mosquito. Auch der breit aufgestellte Kopp Verlag ist hier einzuordnen, mit dessen »›Scharnierfunktion‹ […] zwischen konservativ und rechts außen« sich Anna Hunger eingehend beschäftigt hat.[231] Ein ähnliches Programm bietet der Amadeus Verlag des esoterischen Bestsellerautors Jan van Helsing, dessen Antisemitismus sich u. a. im Glauben an eine geheime, jüdische Weltregierung manifestiert,[232] indes von Insidern darin allein eine Geschäftsstrategie vermutet wird.[233]

Weitere Verlage rechtsextremer Grenzbereiche sind der Lindenbaum Verlag, u. a. mit Titeln aus den Bereichen Heimatromantik und Vertriebenenthematik, der ehemals rechtsextreme und heute konservative Mut Verlag,

---

231 Hunger: Gut vernetzt, S. 432.
232 Vgl. Maegerle: Rechtsextreme Publikationsorgane und -strategien, S. 99f.
233 Vgl. Bender, Benny: Esoterik-Klamauk. In: blick nach rechts 18 (2001) 17, S. 7.

Duncker & Humblot mit teils neurechter Tendenz,[234] die konservative Verlagsgruppe Herbig und der Gerhard Hess Verlag, in dessen sehr gemischtem Programm sich auch Titel rechtspopulistischer Bereiche finden. Zuletzt seien noch zwei Verlage erwähnt, die nach ehemals rechtsextremer Ausrichtung diesem Spektrum heute nicht mehr eindeutig zuzuordnen sind: der Arun Verlag und der Verlag Zeitenwende.[235]

234 Etwa diverse Veröffentlichungen von und über Carl Schmitt als Vertreter der Konservativen Revolution – teils herausgegeben vom neurechten Publizisten Günter Maschke – zeugen von dieser Tendenz.
235 Während im Artikel zum Arun Verlag im *Handbuch deutscher Rechtsextremismus* 1996 noch rechtsextreme Autoren wie Julius Evola oder Jürgen Rieger genannt werden, sind im Verlagsprogramm heute keine einschlägigen Titel mehr zu finden. Ähnlich verhält es sich mit dem Verlag Zeitenwende: Als ehemaliger Herausgeber der rechtsextremen Zeitschrift *Hagal*, veröffentlicht der Verlag seit 2003 nur noch esoterische Literatur.Vgl. Bauernschmidt, Michaela u. a.: Arun Verlag. In: Handbuch deutscher Rechtsextremismus (Antifa Edition). Hrsg. von Jens Mecklenburg. Berlin: Elefanten-Press 1996, S. 399f.; sowie Verlag Zeitenwende. In: Belltower News. 14. April 2008. URL: http://www.belltower.news/artikel/verlag-zeitenwende [22.05.2017].

5 TENDENZEN INNERHALB DER STRÖMUNGEN

Bei der vergleichenden Betrachtung der neurechten Verlage wird deutlich, dass die Webpräsenzen immer einen repräsentativen Eindruck machen, dass sie etwa kaum technische oder orthografische Fehler aufweisen, dabei in ihrer Professionalität (z. B. bezogen auf Ästhetik oder Aktualität der Angebote) trotzdem variieren. Mit Blick auf die Gesamtheit der Online-Aktivitäten der neurechten Verlage fällt außerdem auf, dass alle vier in mindestens einem sozialen Netzwerk präsent sind (Vgl. Tabelle 1, S.68f.). Dies lässt insgesamt auf eine medial zeitgemäße Ausrichtung schließen. Inhaltlich stellt der Bezug zur Konservativen Revolution und der neurechten Bewegung (mit Veröffentlichungen z. B. von de Benoist) den größten gemeinsamen Nenner aller Verlagsprogramme dar, sowie ein völkischer Nationalismus, der sich in Heimatromantik ebenso wie in patriotischer Geschichtsschreibung äußert. Gleichzeitig existieren jedoch große Unterschiede etwa zwischen dem Regin Verlag und der JF Edition, die inhaltlich nur wenige Überschneidungen aufweisen. Das intellektuelle Moment der Neuen Rechten spiegelt sich wider in der Beschränkung auf Bücher und wenige Buch-nahe Medien (Non-Books) in den Online-Shops. Hierdurch steht die Wissensaneignung im Vordergrund, während auf erlebnisorientierte Konsumgüter oder gar Lifestyle-Produkte verzichtet wird. In Kapitel 3.1 wurde mit Pfeiffer festgestellt, dass die Printmedien für die Neue Rechte eine zentrale Position einnehmen und von außerordentlicher Bedeutung sind.[236] Man könnte also annehmen, dass auch entsprechend viele neurechte Verlage existieren, tatsächlich sind sie im Gegensatz zu den hier zusammengetragenen neonazistischen Verlagen jedoch

---

236 Vgl. Pfeiffer: Das informationelle Kapillarsystem, S. 196.

deutlich in der Minderheit. Wie lässt sich dieser Widerspruch erklären? Zum einen ist die Neue Rechte als eine elitäre Bewegung zu betrachten,[237] die im Verhältnis zur rechtsextremen Bewegung insgesamt überschaubar sein muss, um der elitären Stellung gerecht zu werden. Zum anderen beschränkt die Neue Rechte sich insgesamt nicht auf die extreme Rechte, sondern nimmt mit ihren Medien eine Scharnierfunktion ein.[238] Somit sind neurechte Publikationen auch mehr in Richtung politischer Mitte, etwa im Konservativismus, zu finden und bilden damit keinen Untersuchungsgegenstand der vorliegenden Abhandlung. Klaus Kornexl meint in diesem Zusammenhang sogar, dass zum Zeitpunkt seiner Studie (1999) »von einer Neuen Rechten nicht mehr gesprochen werden« könne und dass sie »als wenigstens noch halbwegs eigenständige Gruppierung jenseits diverser Brücken oder Scharniere ab Mitte der 90er Jahre aufgehört [hat] zu existieren.«[239]

Die Programmschwerpunkte der neonazistischen Verlage liegen eindeutig auf dem Dritten Reich und Zweiten Weltkrieg. Während die einen sich auf revisionistische Weise der Geschichte nähern, veröffentlichen andere bevorzugt nostalgische Erinnerungen, die den Versuch einer wissenschaftlichen Herangehensweise gar nicht erst unternehmen. Dabei werden nicht immer unmittelbare, klar tendenziöse Huldigungen des deutschen Faschismus gemacht, allein Fülle und Blickwinkel jener Publikationen sprechen für sich. Unter den neonazistischen Verlagen befinden sich neben großen, traditionsreichen Häusern wie Hohenrain kleinere mit sehr geringer Titelproduktion, etwa der Nordland Verlag. Auch die Webpräsenzen kommen sehr unterschiedlich daher, wobei der Professionalitätsgrad nicht mit der Größe des Verlags zusammenhängen muss (z. B. Druffel & Vowinckel). Insgesamt fallen dabei eher wenige Verlage mit einer übersichtlichen, kundenfreundlichen und fehlerfreien Internetseite auf, zwei Verlage können überdies gar keine (aktive) Internetseite vorweisen bei gleichzeitig verhältnismäßig hoher Titelproduktion. Der sich damit abzeichnende Eindruck einer technisch weniger versierten Szene wird zudem dadurch unterstützt, dass fünf der insgesamt zwölf neonazistischen Verlage gar nicht, und nur der Zeitreisen Verlag in mehr als einem der etablierten sozialen Netzwerke präsent ist.[240] Die in Kapitel 3.2 beschriebene distributive Vernetzung der Verlage wird im neonazis-

---

237 Vgl. Pfeiffer: Rechtsextremismus light?, S. 186.
238 Vgl. Pfeiffer: Das informationelle Kapillarsystem, S. 195.
239 Kornexl: Das Weltbild der Intellektuellen Rechten in der Bundesrepublik Deutschland, S. 536.
240 Das sind Facebook, Twitter und Youtube, vgl. dazu die Tabellen 1–4 im Anhang, S. 68–71.

tischen Spektrum besonders deutlich: alle Verlage (außer libergraphix), die über einen Online-Shop verfügen, bieten auch Titel anderer Verlage an, die meisten ohne revisionistischen Schwerpunkt haben außerdem weitere Artikel neben Büchern und Non-Books im Sortiment. Hierdurch lässt sich tendenziell eine breite Betätigung sowie eine hohe Vernetzung erkennen.

Die in Kapitel 4.3 unter *sonstige* zusammengefassten Verlage lassen thematisch keine Gemeinsamkeiten erkennen, inhaltlich jedoch können ihre Programme alle als Ausdruck einer ungewöhnlichen, weil wenig vertretenen rechtsextremen Ideologie gelten. Besonders auffällig ist bei allen dreien, dass sie in der Öffentlichkeit kaum wahrgenommen werden (wie an der begrenzten Quellen- und Forschungslage ersichtlich ist), was möglicherweise auf eine geringe Bedeutung der jeweiligen Strömungen und damit auch der Verlage hinweist. Im Hinblick auf äußerliche Merkmale wie die Webseiten sind keine Parallelen erkennbar. Gemeinsamkeiten wie die fehlende Präsenz in sozialen Netzwerken sind aller Wahrscheinlichkeit nach rein zufällig.

Im Vergleich miteinander kann festgehalten werden, dass die neurechten Verlage im Gegensatz zu den neonazistischen aufgrund ihres Programms, das sich häufiger auf aktuelle Themen bezieht und weniger auf die deutsch-faschistische Vergangenheit, sowie aufgrund ihres ästhetisch und technisch moderneren Auftritts insgesamt einen weniger rückwärtsgewandten Eindruck erzeugen. Auch hierin manifestieren sich somit unter Umständen die Begrifflichkeiten *Alte* und *Neue Rechte*.

6 BREITES THEMENFELD UND GUTE VERNETZUNG

Die in dieser Untersuchung vorgenommene Bestandsaufnahme hat ergeben, dass 2016 in Deutschland 19 rechtsextreme Buchverlage existieren.[241] Davon können vier dem neurechten Spektrum und zwölf dem Neonazismus zugeordnet werden, fünf davon mit revisionistischem Schwerpunkt. Drei der rechtsextremen Verlage stehen als Vertreter marginaler Strömungen außerhalb der vorgenommenen Kategorisierung. Insgesamt ist ein sehr breites Themenfeld erkennbar: Militaria mit positivem Bezug zur Wehrmacht und SS (in den neonazistischen Verlagen) stehen neben schöngeistiger Literatur italienischer Faschisten (Verlag Antaios, Regin Verlag) und fundamentalistisch-katholischem Antisemitismus (Verlag Anton A. Schmid). Gemeinsamer Nenner der Verlagsprogramme bleibt dabei stets die rechtsextreme Ausrichtung, d.h. die Ideologie der Ungleichheit und Ungleichwertigkeit der Menschen. Neben scheinbar gesondert rechtsextremen Themen – etwa Kriegsverbrechen gegen Deutsche als Schwerpunkt der Revisionisten – stehen genauso Problemfelder von gesamtgesellschaftlichem Interesse, die ebenso von etablierten Verlagen behandelt werden, wie der aktuelle Diskurs um den Ukraine-Konflikt in *Pulverfaß Ukraine* des Hohenrain Verlags.

Insgesamt kann festgestellt werden, dass innerhalb der rechtsextremen Verlagslandschaft eine Heterogenität besteht, die eine differenzierte Herangehensweise an den Forschungsgegenstand verlangt. Als besonders prominentes Beispiel seien an dieser Stelle die Verlage Antaios und Forsite genannt, die im Hinblick auf Programm, Auftreten und Ideologie große Unterschiede aufweisen: Während der Verlag Antaios politische Sachbücher und schön-

---

241 Lesen & Schenken wird hierbei als ein Verlag betrachtet. Werden die ihm zugehörigen Buchverlage als eigenständig aufgefasst, sind es 22 Verlage.

geistige Literatur in einer für das breite Publikum ansprechenden Weise präsentiert, bietet der Forsite Verlag eher Nischenprodukte, die ästhetisch wie inhaltlich spezielle Zielgruppen ansprechen. Für Verlage desselben Spektrums gilt dies ebenso: Ein ähnliches Erscheinungsbild oder thematisch verwandte Titel dürfen nicht dazu verleiten, die rechtsextreme Verlagslandschaft zu generalisieren, würde es doch einer kritischen Herangehensweise im Weg stehen.

Ein sehr bedeutender Aspekt des rechtsextremen Verlagswesens ist die Vernetzung untereinander, die sich in dem Umstand widerspiegelt, dass in den Online-Shops der Verlage meistens auch Bücher und weitere Artikel anderer Verlage angeboten werden. Darüber hinaus wurde die Ausdehnung der rechtsextremen Verlage in den etablierten Buchmarkt deutlich. Hierzu zählt neben dem Angebot rechtsextremer Buchtitel in großen Versandhäusern die verlegerische Organisation: So ist mit dem Hohenrain Verlag zwar lediglich einer, aber dafür einer der größten und kontinuitätsreichsten Verlage und vermutlich der bekannteste der extremen Rechten Mitglied im Börsenverein des Deutschen Buchhandels.[242] Es wird schließlich erkennbar, dass die rechtsextremen Verlage auf der einen Seite untereinander stark vernetzt sind und damit eine Art Parallelbranche bilden. Auf der anderen Seite reicht ihre Organisation weit in den konventionellen Buchmarkt hinein. Damit kann das Thema nicht als sozialwissenschaftlicher Ausnahmefall klassifiziert und schließlich übergangen werden.

Schwierigkeiten in der wissenschaftlichen Bearbeitung des Forschungsgegenstands zeichnen sich in der Bestimmung des Begriffs Rechtsextremismus[243] sowie in der Kategorisierung der bestehenden Strömungen der extremen Rechten ab. Die in dieser Arbeit vorgenommenen Bestimmungen dürfen somit nicht als unveränderlich verstanden werden. Vielmehr bilden sie eine flexible Orientierungshilfe, um das gesamte publizistische Betätigungsfeld der extremen Rechten begreiflich zu machen. Eine weitere Problematik ist das insgesamt weitreichende Themenfeld, wovon u. a. die erwähnte Vernetzung zeugt. So bleibt es nicht aus, dass auch bei einer dezidierten Fokussierung auf die reine Bestandsaufnahme, wie sie hier durchgeführt wurde, zahlreiche angrenzende Gebiete berührt werden, die hier lediglich grob skizziert werden können. Hierzu zählen die ideologischen Vorstellungen der

---

242 Vgl. Auskunft des Börsenvereins des Deutschen Buchhandels e. V.
243 Dies zeigt der inzwischen als eigener Forschungszweig etablierte Diskurs um den
   Rechtsextremismus-Begriff; vgl. etwa Salzborn: Rechtsextremismus, S. 14–19.

Rechtsextremen, ihre thematischen Betätigungsfelder sowie ihre personellen und institutionellen Verbindungen. Für eine tiefgreifende Auseinandersetzung mit dem Themenfeld der extrem rechten Publizistik ist eine Beschäftigung mit ebendiesen Aspekten unerlässlich. Das Ziel, eine breite Bestandsaufnahme rechtsextremer Verlage vorzulegen und damit eine Grundlage für weiterführende Forschung zu leisten, konnte indes erreicht werden.

Aus diesem Umstand ergeben sich entsprechend vielseitige Anknüpfungspunkte für anschließende wissenschaftliche Betätigung. Rechtsextreme Verlage können sowohl in Einzelbetrachtungen als auch in vergleichenden oder zusammenfassenden Arbeiten untersucht werden. Thematische Eingrenzungen können dabei sein: gestalterische Aspekte der Buchproduktion zur Einschätzung der Professionalität oder der Zielgruppenorientierung; Bestimmungen des Erfolgs der Verlage, etwa unter Hinzuziehung von Titelproduktion und Leserresonanzen; Rezeption und Einfluss der Verlage außerhalb des eigenen Milieus anhand von Berichterstattungen etablierter Medien; Analysen der Distributionswege mit Blick auf szeneinterne Strukturen, etablierte Versandhäuser und den stationären Handel. Betrachtungen einzelner Verlage bieten darüber hinaus Möglichkeiten detaillierter Inhaltsanalysen der Verlagstitel, um die auf diesem Wege transportierten Ideologien darzustellen. Hinzu kommen zahlreiche Forschungsfelder, die weiter in den Bereich der Sozialwissenschaften reichen, etwa die angesprochene personelle Vernetzung der publizistischen Akteure. Mit Blick auf die methodische Herangehensweise könnten Umfragen unter den Verlagen überaus informative Erkenntnisse zutage fördern. Eine kooperierende Haltung der Verlage muss jedoch angezweifelt werden.

QUELLEN- UND LITERATURVERZEICHNIS

Quellen

Adelaide Institute. Website. URL: http://www.adelaideinstitute.org/ [22.05.2017].

AgenturMeierzuHartum. Youtube-Kanal. https://www.youtube.com/channel/UCA7zNLfF8wq7zxm9eQk6Z_g [13.07.2016].

Amazon Seller Central. Kategorie-, Produkt- und Inhaltsbeschränkungen. URL: https://sellercentral-europe.amazon.com/gp/seller/registration/participationAgreement.html/?itemID=201743940&language=de_DE [27.06.2016; Website nicht mehr aktiv].

Antaios. Website. URL: http://antaios.de/ [22.05.2017].

Arnshaugk Verlag. Website. URL: http://www.arnshaugk.de/index.php [22.05.2017].

Bender, Benny: Esoterik-Klamauk. In: blick nach rechts 18 (2001) 17, S. 7.

Bergil, Lea/Heine, Torben: Revisionistische Geschichtsschreibung. Die Zeitschrift »Deutsche Geschichte«. In: Lotta. Antifaschistische Zeitung aus NRW Nr. 22 2006.

Bericht der Landesregierung. Verfassungsschutzbericht 2013. Drucksache 18/1810. Schleswig-Holsteinischer Landtag. 15. April 2014.

Breuer, Jens: Der »Zwischen-Zwischentag«. In: der rechte rand 25 (2014) 151, S. 31.

Bublies Verlag. Impressum. URL: http://www.bublies-verlag.de/contents/de/contactus.html [22.05.2017].

Bundesprüfstelle für jugendgefährdende Medien. Website. Verbreitungs- und Werbeverbote bei Trägermedien. URL: http://www.bundespruefstelle.de/bpjm/Rechtsfolgen/Traegermedien/verbreitungs-und-werbeverbote.html [22.05.2017].

Der Dalai Lama und die Nazis. In: trend onlinezeitung 05/2008. URL: http://www.trend.infopartisan.net/trd0508/t330508.html [alle 22.05.2017].

Der Freiheit eine Gasse! 25 Jahre Junge Freiheit. Eine deutsche Zeitungsgeschichte. Berlin: Junge Freiheit Verlag 2011.

Deutscher Buchdienst. Website. URL: http://buchdienst-kaden.de/index.htm [22.05.2017].

Deutsches Warenhaus. Impressum. URL: http://www.deutsches-warenhaus.net/shop_content.php?coID=4 [alle 22.05.2017]. WB-Versand. Website. URL: http://wbversand.com/index.php [22.05.2017].

Druffel & Vowinckel Verlag. Website. Impressum. URL: http://www.druffel-vowinckel.eu/index.php?id=692 [22.05.2017].

E-Mail-Auskunft von Gudrun Knapp (Börsenverein des Deutschen Buchhandels) vom 04. Juli 2016 an die Verfasserin (nicht veröffentlicht).

Forsite Verlag. Der Verein Parzifal e.V. URL: http://www.forsite-verlag.de/index.php?id=37 [22.05.2017].

Forsite Verlag. Website. URL: http://www.forsite-verlag.de/index.php?id=5 [22.05.2017].

Freires, Horst: Netzwerk der Neuen Rechten. In: blick nach rechts vom 16. Juni 2015. URL: http://www.bnr.de/artikel/aktuelle-meldungen/netzwerk-der-neuen-rechten [22.05.2017].

Freundeskreis Gamma: Gamma: Sachsen – kurz & knapp. In: Indymedia linksunten vom 31. August 2011. URL: https://linksunten.indymedia.org/de/node/46052 [22.05.2017].

Frisch aus dem Netz. boersenblatt.net-Medienlese mit Links für die Buchbranche. In: boersenblatt.net. 27. Mai 2016. URL: http://www.boersenblatt.net/artikel-boersenblatt.net-medienlese_mit_links_fuer_die_buchbranche.1150307.html [22.05.2017].

Gesellschaft für freie Publizistik. Impressum. URL: http://www.gfp-netz.de/ [22.05.2017].

Herrmann, Hajo. In: Belltower News. 03. Mai 2008. URL: http://www.belltower.news/lexikontext/herrmann-hajo [22.05.2017].

Hetzblatt »Zuerst«: DGB kritisiert Bauer wegen Rechtspostille. In: Spiegel Online. 29. Dezember 2011. URL: http://www.spiegel.de/kultur/gesellschaft/hetzblatt-zuerst-dgb-kritisiert-bauer-wegen-rechtspostille-a-806214.html [22.05.2017].

Hohenrain Verlag. Website. Deutschland in Geschichte und Gegenwart (Zeitschrift). URL: http://www.buchdienst-hohenrain.de/Zeitschriften/Deutschland-in-Geschichte-und-Gegenwart.html [22.05.2017].

Hohenrain Verlag. http://www.buchdienst-hohenrain.de/ [22.05.2017].

Im Dienste der Lügen. Herbert Grabert (1901–1978) und seine Verlage. Aschaffenburg: Alibri 2004.

Jahresrückblick 2014. In: BPjM-Aktuell 1/2015. Abrufbar unter: URL: http://www.bundespruefstelle.de/RedaktionBMFSFJ/RedaktionBPjM/PDFs/BPJMAktuell/bpjm-aktuell-201501-jahresrueckblick-2014,property=pdf,bereich=bpjm,sprache=de,rwb=true.pdf [22.05.2017], S. 18–23.

Junge Freiheit. Impressum. URL: https://jungefreiheit.de/informationen/
     impressum/ [22.05.2017].
Kaden, Eric. In: Belltower News. 01. Mai 2008. URL: http://www.belltower.
     news/lexikontext/kaden-eric [22.05.2017].
Kellerhoff, Sven Felix/Müller, Uwe: Das Netzwerk der braunen Verlage. In:
     Welt am Sonntag vom 29. Mai 2016, S. 59.
Kellershohn, Helmut: Nachschlagewerk und Inspirationsquell. In: der rechte
     rand 24 (2013) 143, S. 28f.
Kleine Anfrage der Abgeordneten Clara Herrmann (Bündnis 90/Die
     Grünen) vom 22. März 2011 (Eingang beim Abgeordnetenhaus am 24.
     März 2011) und Antwort. Rechtsextreme Läden, Tattoo-Studios oder
     Treffpunkte in Berlin? Drucksache 16/15 300. Abgeordnetenhaus Berlin.
     22. März 2011. Abrufbar unter URL: http://www.clara-herrmann.net/
     sites/default/files/ka16-15300.pdf [22.05.2017].
Kleine Anfrage der Abgeordneten Renner (DIE LINKE) und Antwort
     des Thüringer Ministeriums für Wirtschaft, Arbeit und Technologie.
     Rechtsextremer Verlag auf den »Thüringer Buchtagen«? Drucksache
     5/5289. Thüringer Landtag. 28. November 2012. Aufrufbar unter URL:
     http://www.die-linke-thl.de/uploads/media/dr55289.pdf [22.05.2017], S. 1f.
Klosterhaus Versandbuchhandlung. Website. URL: http://klosterhausbuch.de/
     [22.05.2017]
Kubitschek, Götz: Bernd Krauthoff: »Ich befehle! Kampf und Tragödie
     des Barons Ungern-Sternberg« – eine Rezension. In: Sezession. 01.
     September 2011. URL: http://www.sezession.de/27647/berndt-krauthoff-
     ich-befehle-kampf-und-tragodie-des-barons-ungern-sternberg-eine-
     rezension.html [22.05.2017].
Laskowski, Wolfgang; Schwarz, Patrick: Rechtsintellektuelles Kraftwerk. In:
     der rechte rand 26 (2015) 157, S. 14f.
Leitbild der JF. In: Junge Freiheit. Website. Über den Verlag. URL: https://
     jungefreiheit.de/informationen/ueber-den-verlag/ [22.05.2017].
Lesen & Schenken. Website. URL: http://www.lesenundschenken.de/
     [22.05.2017].
Lindenbaum Verlag. Website. URL: http://www.lindenbaum-verlag.de/
     index.html [22.05.2017]
Sinus Verlag. Website. URL: http://www.sinus-verlag.de/ [alle 22.05.2017].

Maegerle, Anton: »Systemkritische Stimme zum Schweigen bringen«. In: blick nach rechts. 22. Februar 2012. URL: http://www.bnr.de/artikel/aktuelle-meldungen/systemkritische-stimme-zum-schweigen-bringen [22.05.2017].

— Antijüdisches Machwerk beim Leevensboom-Versand. In: blick nach rechts. 12. Dezember 2012. URL: http://www.bnr.de/artikel/aktuelle-meldungen/antijuedisches-machwerk-beim-leevensboom-versand [22.05.2017].

— Auf Hitlers Spuren wandern. In: blick nach rechts. 28. April 2005. URL: http://www.bnr.de/content/auf-hitlers-spuren-wandern [11.06.2017]

— Geschichtsrevisionistische Fusion. In: blick nach rechts. 19. Februar 2014. URL: http://www.bnr.de/artikel/hintergrund/geschichtsrevisionistische-fusion [22.05.2017].

— Jahrestreffen der Geschichtsleugner. In: blick nach rechts. 30. Mai 2016. URL: http://www.bnr.de/artikel/aktuelle-meldungen/jahrestreffen-der-geschichtsleugner [22.05.2017].

— Rechtsextreme Devotionalien aus Riesa. In: blick nach rechts. 27. November 2012. URL: http://www.bnr.de/artikel/aktuelle-meldungen/rechtsextreme-devotionalien-aus-riesa [22.05.2017].

— Stabwechsel. In: blick nach rechts. 06. April 2011. URL: http://www.bnr.de/content/stabwechsel-3 [22.05.2017].

— Stelldichein der Geschichtsverdreher. In: blick nach rechts. 13. Juni 2014. URL: http://www.bnr.de/artikel/hintergrund/stelldichein-der-geschichtsverdreher [22.05.2017].

Meyer, Carsten/Feldmann, Julian: Geehrte Rechtsextremistin. In: Frankfurter Rundschau Online. 11. September 2012. URL: http://www.fr-online.de/rhein-main/nordhessen-rechtsextreme-geehrte-rechtsextremistin,1472796,17227704.html [22.05.2017].

Nation & Wissen Verlag. Website. URL: http://www.nation-und-wissen-verlag.de/index.html [22.05.2017].

Nordland-Verlag. Website. URL: http://nordlandverlag.com/ [22.05.2017].

Nordsachsen Versand. Website. URL: http://www.nordsachsen-versand.com/index.php [22.05.2017].

Ochsenreiter, Manuel: »Bürokratie macht staatliche Verbrechen möglich«. In: Junge Freiheit. 01. August 2003. URL: http://www.jungefreiheit-archiv.de/archiv03/313yy13.htm [22.05.2017].

Parzifal Versand. Website.URL: http://www.forsite-verlag.de/shop/ [22.05.2017].

PC-Records. Website. URL: http://pcrecords.net/index.html [22.05.2017].

Plewinski: Tina: Wie Amazon Rechtsextreme unterstützt… In: Amazon Watchblog. 19. März 2015. URL: https://www.amazon-watchblog.de/kritik/208-affiliate-amazon-rechtsextreme.html [22.05.2017].

Priester, Karin: Fließende Grenzen zwischen Rechtsextremismus und Rechtspopulismus in Europa? In: Aus Politik und Zeitgeschichte Nr. 44 vom 01. November 2010, S. 33–39.

Rafael, Simone: Extrem rechte Zeitungen. Rassismus und übersteigerter Nationalismus am Kiosk. In: Belltower News. 25. Juni 2012. URL: http://www.belltower.news/artikel/extrem-rechte-zeitungen-rassismus-und-%c3%bcbersteigerter-nationalismus-am-kiosk-7783 [22.05.2017].

Rock-o-Rama. Website. URL: http://rock-o-rama.net/index.php [22.05.2017].

Schriftliche Fragen mit den in der Woche vom 29. März 2010 eingegangenen Antworten der Bundesregierung. Drucksache 17/1298. Deutscher Bundestag. 01. April 2010. Aufrufbar unter URL: http://www.petrapau.de/17_bundestag/dok/down/171298_rechtsextremismus.pdf [22.05.2017].

Simon, Gerd: Chronologie Dwinger, Edwin Erich. Tübingen 2009. URL: https://homepages.uni-tuebingen.de//gerd.simon/ChrDwinger.pdf [22.05.2017].

The Occidental Quarterly. About TOQ. URL: http://www.toqonline.com/about/ [22.05.2017].)

Verfassungsschutzbericht 2011. Hrsg. vom Bundesministerium des Innern. 2. Aufl. Berlin: Bundesamt für Verfassungsschutz 2013.

Verfassungsschutzbericht 2012. Hrsg. vom Bundesministerium des Innern. Berlin: Bundesamt für Verfassungsschutz 2013.

Verfassungsschutzbericht Baden-Württemberg 2014. Hrsg. vom Innenministerium Baden-Württemberg. Stuttgart: Landesamt für Verfassungsschutz Baden-Württemberg 2015.

Verfassungsschutzbericht Bayern 2015. Hrsg. vom Bayerischen Staatsministerium des Innern, für Bau und Verkehr. München: Abteilung Verfassungsschutz, Cybersicherheit. Bayerisches Landesamt für Verfassungsschutz 2016.

Verlag Antaios. Website. Bücher anderer Verlage: Verlag Bublies. URL: https://antaios.de/buecher-anderer-verlage/verlag-bublies/ [22.05.2017].

Verlag Antaios. Gesamtverzeichnis 2015. Abrufbar unter URL: http://
antaios.de/prospekt_antaios.pdf [29.06.2016, Website nicht mehr aktiv].
Verlag Anton Schmid. Website. URL: http://www.verlag-anton-schmid.de/
main.php [22.05.2017].)
Verlag der Schelm. Impressum. URL: http://derschelm.de/shop_content.
php?coID=4 [21.05.2017].
Verlag Zeitenwende. In: Belltower News. 14. April 2008. URL: http://www.
belltower.news/artikel/verlag-zeitenwende [22.05.2017].
Volk in Bewegung. Website. URL: http://www.volkinbewegung.de/index.
html [22.05.2017].
Weblog der Autonomen Nationalisten Gladbeck: Wir über uns. In: http://
www.ag-ruhr-mitte.info/Aktionsgruppe%20Ruhr-Mitte/index.html
[10.01.2008; Website nicht mehr aktiv], zitiert nach Schedler: Style
matters, S. 68.
Website zum Buch Der geplante Volkstod. URL: http://www.volkstod.org/
[22.05.2017]
Wikinger Versand. Website. URL: http://www.wikingerversand.de/
[22.05.2017].
Winkelried Verlag. Website. Reihe Landser am Feind. URL: http://www.
winkelried-verlag.de/buecher/landser-am-feind/index.htm [22.05.2017].
Wölk, Volkmar: Chemnitzer Front. In: der rechte rand 24 (2013) 144.
Zeitreisen-Verlag. Website. URL: http://www.zeitreisen-verlag.de/ [22.05.2017].

Produktbeschreibungen (Online-Shops)

»Deutschland muss zugrunde gehen« (Bd. 3, Teil 1); Verlag Anton
A. Schmid. URL: http://www.verlag-anton-schmid.de/index.
php?page=detail&item=567&d= [22.05.2017].
29. April 1945 – Der Dachauer Blutsonntag; Druffel & Vowinckel Verlag.
URL: http://www.sudholt-versand.de/index.php?id=691&tx_trade_
pi1%5Bcmd%5D=singleview&tx_trade_pi1%5Buid%5D=274&tx_trade_
pi1%5Blisttype%5D=default [22.05.2017].
Akif auf Achse. »Das Schlachten hat begonnen« und andere Texte;
Verlag Antaios. URL: http://antaios.de/gesamtverzeichnis-antaios/
einzeltitel/32512/akif-auf-achse.-das-schlachten-hat-begonnen-und-
andere-texte?c=21 [22.05.2017].

Asyl-Tsunami; Hohenrain Verlag. URL: http://www.buchdienst-hohenrain.de/Grabert-Hohenrain-Titel/Neuerscheinungen/Asyl-Tsunami.html [22.05.2017].

Brände an der Oder; Winkelried Verlag. URL: http://www.winkelried-verlag.de/buecher/haas-braende-an-der-oder.htm [22.05.2017].

Das Kreuz des Südens – Exodus aus Europa. Label33. URL: http://www.label33.de/Johannes-Scharf-Das-Kreuz-des-Suedens-Exodus-aus-Europa-Ein-Zukunftsroman [22.05.2017].

Der große Wendig (Band 5); Hohenrain Verlag. URL: http://www.buchdienst-hohenrain.de/Grabert-Hohenrain-Titel/Neuerscheinungen/Kosiek-Rolf-Rose-Olaf-Der-Grosse-Wendig-Band-5.html [22.05.2017].

Der internationale Jude; Verlag Der Schelm. URL: http://derschelm.de/product_info.php?info=p63_ford--der-internat--jude.html [22.05.2017]. Die ursprünglich zur Recherche genutzte Website ist nicht mehr verfügbar. (URL: http://www.volkstod.com/ [08.07.2016].)

Der Rasputin Himmlers; Zeitreisen-Verlag. URL: http://www.zeitreisen-verlag.de/Buecher/Abenteuer-Wissen/Okkultismus/Mund-Der-Rasputin-Himmlers.html [22.05.2017].

Die Wahrheit über Oradour; Druffel & Vowinckel Verlag. URL: http://www.sudholt-versand.de/index.php?id=691&tx_trade_pi1[cmd]=singleview&tx_trade_pi1[uid]=166&tx_trade_pi1[listtype]=search [22.05.2017].

Eurofaschismus und bürgerliche Dekadenz; Regin Verlag. URL: http://www.regin-verlag.de/shop/product_info.

Film- und Videobeiträge

Baab, Patrik/Janz, Carsten/Lüthje, Eike: Rechter Verlag im Visier der Staatsschützer. NDR Schleswig-Holstein magazin vom 16. April 2013. Aufrufbar unter URL: https://www.youtube.com/watch?v=zLR95JQNNAY [22.05.2017].

Bartocha, Adrian/Oelert, Helge: Gipfeltreffen in der Hauptstadt. Rechte Eliten spinnen Netzwerk. Ausgestrahlt in »Klartext«, RBB am 10. Oktober 2012. Aufrufbar unter URL: https://www.youtube.com/watch?v=hHw3AxqW86U [22.05.2017].

Beres, Eric/Maegerle, Anton/Neumann, Ulrich: Warum Online-Portale großer Verlage rechts-extremistische Literatur anbieten. In: Report

Mainz, ARD vom 08. November 2010. Abrufbar unter URL: http://www.
    swr.de/report/naziliteratur/-/id=233454/did=7133134/nid=233454/140frj3/
    index.html [22.05.2017].
Deutsche Geschichte für junge Leser (Buchvorstellung). In: JF-TV vom
    21. Oktober 2015. Abrufbar unter URL: https://www.youtube.com/
    watch?v=hkoI1JBJx04 [22.05.2017], 00:11:27.

Handbücher und Nachschlagewerke
Finkenberger, Martin: Grabert-Verlag (seit 1974). In: Publikationen
    (Handbuch des Antisemitismus 6). Hrsg. von Wolfgang Benz. Berlin: De
    Gruyter 2013, S. 244f.
Grimm, Hans: Volk ohne Raum. In: Kindlers Literatur Lexikon Online.
    URL: http://kll-aktuell.cedion.de/nxt/gateway.dll/kll/g/k0252700.xml/
    k0252700_010.xml?f=templates$fn=index.htm$3.0 [11.06.2017].
Handbuch deutscher Rechtsextremismus (Antifa Edition). Hrsg. von Jens
    Mecklenburg. Berlin: Elefanten-Press 1996.
— Bauernschmidt, Michael u. a.: Grabert-Verlag/Hohenrain-Verlag.
    Deutschland in Geschichte und Gegenwart (DGG), S. 411–413.
— Bauernschmidt, Michael u. a.: Verlagsgemeinschaft Berg (VGB), S. 433.
— Bauernschmidt, Michael u. a.: Arndt-Verlag, S. 398f.
— Bauernschmidt, Michael u. a.: Arun Verlag, S. 399f.
— Fröchling, Helmut: Die ideologischen Grundlagen des Rechtsextre-
    mismus. Grundstrukturen rechtsextremer Weltanschauung. Politischer
    Stil, Strategien und Methoden rechtsextremer Propaganda, S. 84–123.
— Jelpke, Ulla/Schröder, Helmut: Der Bund der Vertriebenen. Für ein
    Deutschland in den Grenzen von 1937, 1938, 1939 …, S. 885–900.
— Ptak, Ralf: Wirtschaftspolitik und die extreme Rechte. Betrachtungen zu
    einer wenig behandelten Frage, S. 901–922.
— Speit, Andreas: Esoterik und Neoheidentum. Historische Allianzen und
    aktuelle Tendenzen, S. 709–732, hier S. 709f.
— Virchow, Fabian: »… über die Trümmer der KZ-Gedenkstätten«. Von
    Auschwitzleugnern und anderen Geschichtsfälschern, S. 666–691.
— Weltzer, Jörg: Skinheads, Nazi-Skins und rechte Subkultur.
Handbuch Rechtsradikalismus. Personen, Organisationen, Netzwerke
    vom Neonazismus bis in die Mitte der Gesellschaft. Hrsg. von Thomas
    Grumke. Opladen: Leske + Budrich 2002.

Regin-Verlag. In: Wikipedia. URL: https://de.wikipedia.org/wiki/Regin-Verlag [22.05.2017].

Sedisvakantismus. In: Wikipedia. URL: https://de.wikipedia.org/wiki/Sedisvakantismus [22.05.2017].

Thorsten Thaler. In: Wikipedia. URL: https://de.wikipedia.org/wiki/Thorsten_Thaler [22.05.2017].

Forschungsliteratur

Benthin, Rainer: Auf dem Weg in die Mitte. Öffentlichkeitsstrategien der Neuen Rechten (Campus Forschung 875). Frankfurt/New York: Campus Verlag 2004.

Braun, Stephan/Geisler, Alexander/Gerster, Martin: Strategien der extremen Rechten. Einleitende Betrachtungen. In: Strategien der extremen Rechten. Hintergründe – Analysen – Antworten. Hrsg. von dens. 2. akt. u. erw. Aufl. Wiesbaden: Springer 2016, S. 11–35.

Decker, Frank/Lewandowsky, Marcel: Rechtspopulismus als (neue) Strategie der politischen Rechten. Bonn: Online-Akademie Friedrich-Ebert-Stiftung 2010. URL: http://library.fes.de/pdf-files/akademie/online/08320.pdf [22.05.2017].

Die Wochenzeitung »Junge Freiheit«. Kritische Analysen zu Programmatik, Inhalten, Autoren und Kunden. Hrsg. von Stephan Braun. Wiesbaden: VS Verlag für Sozialwissenschaften 2007.

Häusler, Alexander/Roeser, Rainer: Die rechten Mut-Bürger. Entstehung, Entwicklung, Personal & Positionen der Alternative für Deutschland. Hamburg: VSA-Verlag 2015.

Häusler, Alexander: Rechtspopulismus als Stilmittel zur Modernisierung der extremen Rechten. In: Rechtspopulismus als »Bürgerbewegung«. Kampagnen gegen Islam und Moscheebau und kommunale Gegenstrategien. Hrsg. von dems. Wiesbaden: VS Verlag für Sozialwissenschaften 2008, S. 37–51.

Hunger, Anna: Gut vernetzt. Der Kopp-Verlag und die schillernde rechte Publizistenszene. In: Strategien der extremen Rechten. Hintergründe – Analysen – Antworten. Hrsg. von Stephan Braun, Alexander Geisler und Martin Gerster. 2., akt. u. erw. Aufl. Wiesbaden: Springer 2016, S. 425–437.

Jaschke, Hans-Gerd: Rechtsextremismus und Fremdenfeindlichkeit.
    Begriffe, Positionen, Praxisfelder. Wiesbaden: Westdeutscher Verlag
    2001.

Kornexl, Klaus: Das Weltbild der Intellektuellen Rechten in der
    Bundesrepublik Deutschland. Dargestellt am Beispiel der
    Wochenzeitschrift Junge Freiheit (Beiträge zur Politikwissenschaft 9).
    München: Herbert Utz 2008.

Kühnl, Reinhard: Gefahr von rechts. Vergangenheit und Gegenwart der
    extremen Rechten. 2. Aufl. Heilbronn: Distel 1991.

Lange, Astrid: Was die Rechten lesen. Fünfzig rechtsextreme Zeitschriften.
    Ziele, Inhalte, Taktik (Beck'sche Reihe 1014). München: C. H. Beck 1993.

Maegerle, Anton: Blätter gegen Zeitgeist und Dekadenz. Profile und
    Beziehungen neurechter Periodika an Beispielen. In: Die neue Rechte –
    eine Gefahr für die Demokratie? Hrsg. von Wolfgang Gessenharter und
    Thomas Pfeiffer. Wiesbaden: VS Verlag für Sozialwissenschaften 2004, S.
    199–209.

— Rechtsextreme Publikationsorgane und -strategien: Verlage,
    Antiquariate, Zeitschriften und Internet. In: Rechtsextremismus in
    Baden-Württemberg. Verborgene Strukturen der Rechten. Hrsg. von
    Thomas Fliege und Kurt Möller. Freiburg: Belchen 2001, S. 85–101.

Pfahl-Traughber, Armin: Rechtsextremismus in der Bundesrepublik
    (Beck'sche Reihe: 2112 C. H. Beck Wissen). 2., akt. Aufl. München:
    C. H. Beck 2006.

Pfahl-Traughber, Armin: Die »Neue Rechte« in Frankreich und
    Deutschland. Zur Entwicklung einer rechtsextremistischen
    Intellektuellenszene. In: archive.org. URL: https://web.archive.org/
    web/20090509035816/http://www.polwiss.fu-berlin.de/fsi/bernie/
    rrtraughber.htm [22.05.2017].

— Rechtsextremismus. Eine kritische Bestandsaufnahme nach der
    Wiedervereinigung (Schriftenreihe Extremismus & Demokratie 5).
    Bonn: Bouvier 1995.

Pfeiffer, Thomas: Das informationelle Kapillarsystem. Die neurechte
    Publizistik im Medienmix einer Bewegung von rechts. In: Die neue
    Rechte – eine Gefahr für die Demokratie? Hrsg. von Wolfgang
    Gessenharter und Thomas Pfeiffer. Wiesbaden: VS Verlag für
    Sozialwissenschaften 2004, S. 187–197.

— Für Volk und Vaterland. Das Mediennetz der Rechten. Presse, Musik, Internet. Berlin: Aufbau 2002.

— Publikationen und Verlage. In: Handbuch Rechtsradikalismus. Personen, Organisationen, Netzwerke vom Neonazismus bis in die Mitte der Gesellschaft. Hrsg. von Thomas Grumke. Opladen: Leske + Budrich 2002, S. 105–115.

— Rechtsextremismus light? Entwicklung, Merkmale und Publizistik der Neuen Rechten in Deutschland. In: Die neuen Verführer? Rechtspopulismus und Rechtsextremismus in den Medien. Dokumentation der 22. Tutzinger Medientage 2003. Hrsg. von Annette Birschel, Claudia Cippitelli, Axel Schwanebeck. München: Fischer 2004, S. 147–190.

Salzborn, Samuel: Rechtsextremismus. Erscheinungsformen und Erklärungsansätze. Baden-Baden: Nomos 2014.

Schedler, Jan: Style matters. Inszenierungspraxen »Autonomer Nationalisten«. In: Autonome Nationalisten. Neonazismus in Bewegung. Hrsg. von Alexander Häusler und Jan Schedler. Wiesbaden: VS Verlag für Sozialwissenschaften 2001, S. 67–89.

Stöss, Richard: Rechtsextremismus im Wandel. Berlin: Friedrich-Ebert-Stiftung 2010.

Wetzel, Juliane: Der Geschichtsrevisionismus und der Grabert-Verlag. In: Im Dienste der Lügen. Herbert Grabert (1901–1978) und seine Verlage. Aschaffenburg: Alibri 2004, S. 142–154.

ANHANG

I. Tabellenteil

Erläuterungen

In die Titelanzahl werden gerechnet: Bücher, die im Zeitraum von 2013 bis heute erschienen und im Katalog der Deutschen Nationalbibliothek verzeichnet sind. Die Titelanzahl dient der Vorstellung einer Größenordnung und erhebt keinen Anspruch auf Präzision.

n. v.   nicht vorhanden

Bü   Bücher und ggf. Zeitungen/Zeitschriften
BüNB   Bücher und Non-Books
diverse   Bücher, ggf. Non-Books und weitere diverse Artikel

eigene   nur Artikel/Bücher des eigenen Verlags/der eigenen Marke
andere   eigene Artikel und neue Artikel anderer Verlage bzw. Marken
            (antiquarische Angebote fallen nicht darunter)

* nur Zeitung; ** Titel nicht im Katalog

Tabelle 1: Verlage der Neuen Rechten

		Titel	Angebot Online-Shop
Arnshaugk Verlag	arnshaugk.de	44	Bü; andere
Junge Freiheit Edition	jf-buchdienst.de/JF-Edition	15	BüNB; andere
Regin Verlag	regin-verlag.de	4	BüNB; andere
Antaios	antaios.de	39	Bü; andere

Tabelle 2: Neonazistische Verlage mit revisionistischem Schwerpunkt

		Titel	Angebot Online-Shop
Druffel & Vowinckel Verlag	druffel-vowinckel.eu	16	Bü; andere
Hohenrain Verlag	buchdienst-hohenrain.de	23	BüNB; andere
Klosterhaus Versandbuchhandlung	klosterhaus-versand.de	6	BüNB; andere
Lesen & Schenken	lesenundschenken.de	36	n. v.
Winkelried Verlag	winkelried-verlag.de	18	BüNB; andere

Soziale Netzwerke

facebook.com/BaalMueller [22.05.2017] (*Telesma*)	*S. 24*
* facebook.com/jungefreiheit [22.05.2017] * youtube.com/user/jungefreiheitverlag [22.05.2017] * twitter.com/junge_freiheit [22.05.2017]	*S. 25*
twitter.com/reginverlag [22.05.2017]	*S. 27*
facebook.com/verlag.antaios [22.05.2017] twitter.com/verlag_antaios [22.05.2017] youtube.com/channel/UCSSxfQfoFvqZeVsYQYqYLag (*edition nordost*)	*S. 28*

Soziale Netzwerke

n. v.	*S. 29*
facebook.com/hohenrain [22.05.2017]	*S. 31*
n. v.	*S. 34*
facebook.com/LesenundSchenken [22.05.2017]	*S. 35*
n. v.	*S. 36*

Tabelle 3: Andere neonazistische Verlage

		Titel	Angebot Online-Shop
Adoria Verlag	n. v.	19	n. v.
Bublies Verlag	bublies-verlag.de	8	diverse; andere
Nation & Wissen Verlag	nation-und-wissen.de	6	diverse; andere
Nordland-Verlag	nordland-verlag.de	3	diverse; andere
Verlag Der Schelm	derschelm.de	21	Bü; andere
Verlag libergraphix	label33.de	5	diverse; eigene
Zeitreisen Verlag & Agentur	zeitreisen-verlag.de	5	diverse; eigene

Tabelle 4: Sonstige Verlage

		Titel	Angebot Online-Shop
Forsite Verlag	forsite-verlag.de	1**	BüNB; andere
Lichtschlag Buchverlag	lichtschlag-buchverlag.de	15	n. v.
Verlag Anton A. Schmid	verlag-anton-schmid.de	29	BüNB; eigene

Soziale Netzwerke

n. v.	S. 37
n. v.	S. 37
facebook.com/Nation-Wissen-Verlag-Versand-598368140178158/ [22.05.2017]	S. 38
facebook.com/Nordland-Verlag (inaktiv) [22.05.2017]	S. 39
new.vk.com/id365410833 [13.07.2016]	S. 40
facebook.com/label33.de [13.07.2016]	S. 41
facebook.com/pages/Zeitreisen-Verlag/147891091945158 [13.07.2017] youtube.com/channel/UCA7zNLfF8wq7zxm9eQk6Z_g (Agentur Meier zu Hartum)[13.07.2017]	S. 42

Soziale Netzwerke

n. v.	S. 43
n. v.	S. 45
n. v.	S. 46

II. Bibliographische Angaben zu den in Kapitel 4 genannten Beispielen

ADORIA-VERLAG

Allen, Martin: Churchills Friedensfalle. Das Geheimnis des Heß-Fluges 1941.
    Korr., kompl. überarb. Aufl. Naunhof: Adoria 2015 [Lizenzausgabe].
Herrmann, Hajo: Bewegtes Leben. Kampf- und Jagdflieger 1935–1945.
    Naunhof: Adoria 2015 [Lizenzausgabe].
Krawczyk, Wade/Jansen, Bart: Deutsche Gebirgsjäger. Uniformen und
    Ausrüstung 1939–1945. Oberhausen: Adoria 2014 [Lizenzausgabe].
Rudel, Hans-Ulrich: Mein Kriegstagebuch. Aufzeichnungen eines
    Stukafliegers. Oberhausen: Adoria 2015 [Lizenzausgabe].

ANTAIOS

Di Tullio, Domenico: Wer gegen uns? Schnellroda: Verlag Antaios 2014.
Kaltenbrunner, Gerd-Klaus: Rekonstruktion des Konservatismus.
    Schnellroda: Antaios 2009.
Kositza, Ellen: Gender ohne Ende oder was vom Manne übrigblieb.
    Schnellroda: Edition Antaios 2008.
Mohler, Armin: Lieber Chef ... Briefe an Ernst Jünger 1947–1961. Hrsg. von
    Erik Lehnert. Schnellroda: Antaios 2016.
Pirinçci, Akif: Akif auf Achse. »Das Schlachten hat begonnen« und andere
    Texte. Schnellroda: Verlag Antaios 2016.
— Umvolkung. Wie die deutschen still und leise ausgetauscht werden.
    Schnellroda: Verlag Antaios 2016.
Staatspolitisches Handbuch. Hrsg. von Erik Lehnert und Karlheinz
    Weissmann. 5 Bde. (Bd. 1: Leitbegriffe, 2010; Bd. 2: Schlüsselwerke, 2010;
    Bd. 3: Vordenker, 2012; Bd. 4: Deutsche Orte, 2014). Schnellroda: Verlag
    Antaios 2009–2017.
Willms, Bernard: Philosophie und Selbstbehauptung. Schnellroda: Antaios 2007.

ARNSHAUGK VERLAG

Hielscher, Friedrich: Die Leitbriefe der Unabhängigen Freikirche.
    Schwielowsee: Telesma 2009.
Spengler, Oswald: Neubau des deutschen Reiches. Hrsg. von Daniel Bigalke.
    Neustadt: Arnshaugk 2009.

BUBLIES VERLAG

Bahn, Peter: Friedrich Hielscher (1902–1990). Einführung in Leben und
    Werk. Schnellbach: Bublies 2004.

Hug, Stefan: Migrantengewalt. Wie sich unser Staat selbst entmachtet.
    Beltheim-Schnellbach: Bublies 2010.

Kabermann, Friedrich: Widerstand und Entscheidung eines deutschen
    Revolutionärs. Leben und Denken von Ernst Neikisch. Koblenz: Bublies
    1993 [Lizenzausgabe].

Kesselring, Albert: Gedanken zum Zweiten Weltkrieg. Beltheim-
    Schnellbach: Bublies 2010.

Manteuffel, Hasso von: Panzerkampf im Zweiten Weltkrieg. Leben
    serinnerungen. Hrsg. Von Franz Kurowski. Schnellbach: Bublies 2005.

Miegel, Agnes/Lindt, Marion/Gede, Ruth: Heimatklänge aus Ostpreußen.
    Lieder, Gedichte und Schmunzelgeschichten. Beltheim-Schnellbach :
    Lindenbaum-Verl. 2009 [CD].

Pflanz, Heinrich: Die Hingerichteten von Landsberg und der Spöttinger
    Friedhof. 4. Aufl. Beltheim-Schnellbach: Bublies 2010.

Raeder, Erich: Mein Leben. Oberbefehlshaber der deutschen Kriegsmarine
    1935–1943. Beltheim-Schnellbach: Bublies 2009.

Vertreibung und Vertreibungsverbrechen 1945–1948. Bericht des
    Bundesarchivs vom 28. Mai 1974. Archivalien und ausgewählte
    Erlebnisberichte. Hrsg. von der Kulturstiftung der Deutschen
    Vertriebenen. 2. Aufl. Beltheim-Schnellbach: Bublies 2014.

DRUFFEL & VOWINCKEL VERLAG

Faber, Peter: Bismarcks Reichsgründung. Diplomatie und Staatskunst
    1862–1871. Gilching: Druffel & Vowinckel 2015.

Fryre, Norman: 29. April 1945. Der Dachauer Blutsonntag. Ein ungesühntes
    US-Kriegsverbrechen. Gilching: Druffel & Vowinckel 2016.

Heydrich, Lina: Mein Leben mit Reinhard. Die persönliche Biographie.
    Hrsg. von Heider Heydrich. Gilching: Druffel & Vowinckel 2012.

Hornung, Klaus: Scharnhorst. Soldat – Reformer – Staatsmann. Ein Lebens-
    und Zeitbild. Gilching: Druffel & Vowinckel 2013 [Lizenzausgabe].

Neuber, Claus: Marsch aus dem Untergang. Erlebnisbericht eines
    Rückkämpfers vom Zusammenbruch der ›Heeresgruppe Mitte‹ im
    Sommer 1944 in Weißrussland. Stegen am Ammersee: Druffel &
    Vowinckel 2007. 3. Aufl. Gilching 2014.

Reynouard, Vincent: Die Wahrheit über Oradour. Was geschah am 10. Juni
    1944 wirklich? Rekonstruktion und Forschungsbericht eines Franzosen.
    Berg am Starnberger See: Druffel & Vowinckel 1999. 2. Aufl. Stegen am
    Ammersee 2005 [Studienausgabe]. 4. Aufl. Gilching 2014.

FORSITE VERLAG

Eckhardt, Karl August: Irdische Unsterblichkeit. Germanischer Glaube an
    die Wiederverkörperung in der Sippe. Forsite 2012.

Evola, Julius: Grundrisse der faschistischen Rassenlehre. Forsite 2015.

Indogermanisches Erbe & Drittes Reich. Quellensammlung zur Rolle und
    Reminiszenz (indo)germanischer Tradition im SS-Ahnenerbe. Hrsg.
    von Dennis Krüger. Forsite 2011.

Krüger, Dennis: Das okkulte 3. Reich. SS-Forschungen zwischen Germanen
    kunde, Okkultwissenschaften & Geheimwaffentechnologie. Forsite 2011.

— Der Ahnenreiseführer. Wegweiser zu Kult- und Wirkungsstätten
    unserer Ahnen. Bottrop-Kirchellen: Forsite 2004.

Ludendorff, Erich: Wie der Weltkrieg 1914 gemacht wurde. Forsite 2009.

Tilak, Balghangadar: Die arktische Heimat in den Veden. Der Ursprung der
    Arier aus einem milden Klima im Norden. Forsite 2010.

HOHENRAIN VERLAG

50 Jahre Vertreibung. Der Völkermord an den Deutschen. Ostdeutschland
    und das Sudetenland. Rückgabe statt Verzicht. Hrsg. von Rolf-Josef
    Eibicht. Tübingen: Hohenrain 1995 (Veröffentlichungen der Stiftung
    Kulturkreis Zweitausend 9).

Bethge, Wolfgang: Kunst und Unkunst. Eine Kampfschrift. Tübingen:
    Hohenrain 2015.

Der große Wendig. Richtigstellungen zur Zeitgeschichte. Hrsg. von
    Rolf Kosiek und Olaf Rose. 5 Bde. Tübingen: Grabert 2006–2014
    (Veröffentlichungen des Institutes für Deutsche Nachkriegsgeschichte
    36, 37, 41, 52 und 57).

Irving, David: Nürnberg – Die letzte Schlacht. Hinter den Kulissen der Siegerjustiz. Aus den geheimen Aufzeichnungen der Ankläger und Richter. Tübingen: Grabert 1996 (Veröffentlichungen des Institutes für Deutsche Nachkriegsgeschichte 23).

Marinovic, Walter u. a.: Asyl-Tsunami. Menschenrechtsimperialismus und Menschlichkeitswahn. Die Fakten. Tübingen: Hohenrain 2016.

Rode, Bernhard: Pulverfaß Ukraine. Weltschlüsselkonflikt und Zentrum der Macht-Geometrie zwischen Ost und West. Tübingen: Hohenrain 2016 (Veröffentlichungen der Stiftung Kulturkreis Zweitausend 25).

Schröcke, Helmut: Die Vorgeschichte des deutschen Volkes. Indogermanen, Germanen, ›Slawen‹. Tübingen: Grabert 2009. 2., stark erw. Aufl. 2015 (Veröffentlichungen aus Hochschule, Wissenschaft und Forschung 25).

Schwarze, Ulrich: Die deutschen und ihr Staat. 4 Bde. (Bd. 1: Revisionskrieg und Gegenrevision. Bd. 2: Kein Ende des Sonderwegs. Bd. 3: Die Kunst des Möglichen. Bd. 4: Die Einkreisung). Tübingen: Hohenrain 2013.

Zemella, Günther: Chronologie der Kriegsschuldfrage. Der Weg in die europäische Katastrophe 1870–1946. Tübingen: Grabert 2012.

JF EDITION

Benoist, Alain de: Aufstand der Kulturen. Europäisches Manifest für das 21. Jahrhundert. Berlin: Junge Freiheit Verlag 1999. Erw. Aufl. 2003.

— Mein Leben. Wege eines Denkens. Berlin: JF-Edition 2014.

— Wir und die anderen. Berlin: Edition JF 2008.

Die Asylkrise. Beiträge zu einem europäischen Verhängnis. Hrsg. von Dieter Stein. Berlin: JF Edition 2015.

Helden der Nation. Beiträge und Interviews zum 20. Juli 1944. Hrsg. von Dieter Stein. Berlin: Edition JF 2008.

Hinz, Thorsten: Das verlorene Land. Aufsätze zur deutschen Geschichtspolitik. Berlin: JF Edition 2008. 4. Aufl. 2016.

— Die Psychologie der Niederlage. Über die deutsche Mentalität. Berlin: JF Edition 2010. 5. Aufl. 2016.

— Weltflucht und Massenwahn. Deutschland in Zeiten der Völkerwanderung. Berlin: JF Edition 2016.

Krautkrämer, Felix: Aufstieg und Etablierung der »Alternative für Deutschland«. Geschichte, Hintergründe und Bilanz einer neuen Partei. Berlin: JF Edition 2014.

Stein, Dieter: Phantom »Neue Rechte«. Die Geschichte eines politischen Be
   griffs und sein Mißbrauch durch den Verfassungsschutz. Berlin: Edition
   JF 2005.
Weißmann, Karlheinz/Lunyakov, Sascha: Deutsche Geschichte für junge
   Leser. Berlin: JF Edition 2015.

KLOSTERHAUS VERSANDBUCHHANDLUNG

Der babylonische Talmud. Ein Querschnitt aus dem großen Sammelwerk.
   Hrsg. von Erich Glagau. Teil 1 und 2. 4., überarb. u. korr. Aufl.
   Wahlsburg: Klosterhaus 2010.
Grimm, Hans: Volk ohne Raum. Neuaufl. der Ausgabe München: Langen/
   Müller 1926. Lippoldsberg: Klosterhaus 1956.
Kluge, Christine: Die geplante Vernichtung. Der Weg zur Weltherrschaft. 3.,
   kompl. überarb. u. korr. Aufl. Wahlsburg: Klosterhaus 2012.
Zemella, Günther: Die wahren Kriegstreiber und ihre Schandtaten.
   Was nach 70 Jahren gesagt werden muß. Wahlsburg-Lippoldsberg:
   Klosterhaus 2015.
Zips, Alfred E.: Kriegsursachen – Kriegsschuld – Kriegsverbrechen
   – Kriegsfolgen. Eine Zitatensammlung. Wahlsburg-Lippoldsberg:
   Klosterhaus 2008. 2., erw. Aufl. 2011.

LESEN & SCHENKEN

Radtke, Bernhard: Das deutsche Drama. Von den Gastarbeitern bis zur
   Völkerwanderung aus Afrika. Selent: Bonus-Verlag 2016.
Schallert, Horst: Die Briefmarken des Dritten Reiches. Zeitgeschichte in
   Farbe. 2 Bde. (Bd. 1: 1933–1943. Bd. 2: 1944–1945). Selent: Bonus-Verlag
   2008, 2010.
Schön, Heinz: Flucht aus Ostpreußen 1945. Die Menschenjagd der Roten
   Armee. Kiel: Arndt 2001. 2. Aufl. 2015.
— Im Heimatland in Feindeshand. Schicksale ostpreußischer Frauen unter
   Russen und Polen 1945–1948. Eine ostdeutsche Tragödie. Kiel: Arndt
   1998. 2. Aufl. 2015.
Seidler, Franz W.: Deutsche Opfer. Alliierte Täter 1945. Selent: Pour le
   Mérite 2013.
Stadler, Sylvester: Offensive gegen Kursk. Das II. SS-Panzerkorps als
   Stoßkeil im Großkampf. Selent: Edition Zeitgeschichte 2016.

Sudhoff, Albert: Freiwillig zur Waffen-SS. Ein Anführer der
SS-Panzeraufklärungsabteilung 11 erinnert sich. Selent: Edition
Zeitgeschichte 2015.

Verbrechen an der Wehrmacht. Kriegsgreuel der Roten Armee 1841/42.
Hrsg. von Franz W. Seidler. Selent: Pour le Mérite 2015.

Vosselman, Arend: Reichsautobahn. Schönheit, Natur, Technik. Kiel: Arndt
2001. Akt. Neuaufl. 2014.

LICHTSCHLAG BUCHVERLAG

Friedman, David D.: Das Räderwerk der Freiheit. Für einen radikalen
Kapitalismus. Grevenbroich: Lichtschlag Medien und Werbung 2003. 2.,
erw. dt. Aufl. nach der 3. amerik. Aufl. 2016 (Edition Klassiker 32).

Kuhnle, Joachim: Völkerwanderung nach Deutschland. Über die größte deutsche
Krise nach dem Zweiten Weltkrieg. Grevenbroich: Lichtschlag 2015.

Lichtschlag, André F.: Operation Spaltung. Kriminalgeschichte der AfD.
Grevenbroich: Lichtschlag Buchverlag 2015.

Polleit, Thorsten/Prollius, Michael von: Geldreform. Vom schlechten
Staatsgeld zum guten Marktgeld. 2., akt. Aufl. Grevenbroich: Lichtschlag
Medien und Werbung 2010.

Preusse, Peter J.: Frei statt Staat! Selbsteigentum, Ethik und die Verfassung
der Privatrechtsgesellschaft. Grevenbroich: Lichtschlag Buchverlag 2016.

Tögel, Andreas: Schluss mit Demokratie und Pöbelherrschaft! Über die
Illusion der Mitbestimmung. Grevenbroich: Lichtschlag 2015.

NATION & WISSEN VERLAG

Adam, Günter: »Ich habe meine Pflicht erfüllt!« Ein Junker der Waffen-SS
berichtet. Riesa: Nation & Wissen 2011.

Keller-Dommasch, Inge: Wir aber mußten es erleben. Erinnerungen an
Ostpreußen bis zur Vertreibung 1947. Überarb. u. erw. Neuaufl. Riesa:
Nation & Wissen 2013.

Marinovic, Walter: Kornblumen. Georgs Wanderschaft von Südtirol bis
Schleswig-Holstein. Riesa: Nation & Wissen 2013.

SS-Hauptsturmführer Karl Heinz Lorenz. Vom Junkerschüler zum
Kompanieführer. Hrsg. Von Andreas Biere. Riesa: Nation & Wissen 2013.

Veltzé, Karl: Deutsche Fallschirmjäger. Uniformierung und Ausrüstung
1936–1945. Bd. 1: Bekleidung. Riesa: Nation & Wissen 2015.

NORDLAND-VERLAG

Bartesch, Martin: Als Siebenbürger Sachse bei der Waffen-SS. Ein Volksdeutscher im Strudel der Zeit. Fretterode: Nordland 2010.

Busch, Andree-Klaus: Blutzeugen. Beiträge zur Praxis des politischen Kampfes in der Weimarer Republik. Riesa: Deutsche Stimme 2007. 2. Aufl. Nordland 2010 [ohne Nachweis in der DNB].

Voigt, Udo: Der deutschen Zwietracht mitten ins Herz. Mein Weg mit der NPD. Fretterode: Nordland 2013.

REGIN-VERLAG

Codreanu, Corneliu Zelea: Handbuch für die Nester. Leitfaden für Legionäre. Straelen: Regin 2006.

Fröhlich, Eric/Kaiser, Benedikt: Phänomen Inselfaschismus. Blackshirts, Blueshirts und weitere autoritäre Bewegungen in Großbritannien und Irland 1918–1945. Kiel: Regin 2013.

Kaiser, Benedikt: Eurofaschismus und bürgerliche Dekadenz. Europakonzeption und Gesellschaftskritik bei Pierre Drieu la Rochelle. Kiel: Regin 2011 (Kieler ideengeschichtliche Studien 5).

Maaß, Sebastian: Die Geschichte der Neuen Rechten in der Bundesrepublik Deutschland. Kiel: Regin 2014.

Maschke, Günther: »Verräter schlafen nicht«. Hrsg. von Sebastian Maaß. Kiel: Regin 2011 (ad rem 2).

Mutti, Claudio: Mircea Eliade und die Eiserne Garde. Rumänische Intellektuelle im Umfeld der Legion Erzengel Michael. Preetz: Regin 2009.

Ritter, Oliver: Fiume oder der Tod. Bliestorf bei Lübeck: Regin 2004. 2. Aufl. Kiel 2010.

VERLAG ANTON A. SCHMID

»Deutschland muss zugrunde gehen!«. 3 Bde. (Bd. 1: Die Deutschlandpläne von Theodore N. Kaufman. Bd. 2: Quellen zuden Deutschlandplänen Kaufmanns, Texte und Karten zum Alldeutschen Verband. Bd. 3, Teil 1 und 2: Alliierte Vernichtungs- und Ausrottungspläne gegen Deutschland). Hrsg. von Ulrich Heim. Durach: Verlag Anton A. Schmid 2010.

Dwinger, Edwin Erich: Der Tod in Polen. Massenmord an den Deutschen vor und zu Beginn des 2. Weltkrieges. Durach: Verlag Anton A. Schmid [o. J.].

Hills, Frank: Geheimakte Bürgerkrieg. Wie in Deutschland ein Völkermord vorbereitet wird. Durach: Verlag Anton A. Schmid 2013.

Jacobs, Manfred: Christentum und Buddhismus sind unvereinbar. Durach: Verlag Anton A. Schmid 2015.

— So erobert der Islam Europa. Durach: Verlag Anton A. Schmid 1996.

Martin Luther. Wegbereiter des Antichristen. Hrsg. von Ilona Oertl. 3 tlg. Durach: Verlag Anton A. Schmid 2012–14.

Meinville, Julio: Das Judentum im Geheimnis der Geschichte. Durach: Verlag Anton A. Schmid 1999.

Talmudismus. Erzfeind der Menschheit. 3 Bde. (Bd. 1: Jacobs, Manfred: Judentum versus Christentum. 2010. Bd. 2: Jacobs, Manfred: Freimaurerei, Weltregierung. 2011. Bd. 3, Teil 1: Catholicus: Judentum und Welt-Geldherrschaft [indiziert]. 2013). Durach: Verlag Anton A. Schmid 2011–.

VERLAG DER SCHELM

Ford, Henry: Der internationale Jude. Unveränd. Nachdr. der im Hammer-Verl., Leipzig 1937 ersch. 33. Aufl. Leipzig: Verlag der Schelm 2014.

Goebbels, Joseph: Das Buch Isidor. Ein Zeitbild voll Lachen und Haß. Nachdruck der Ausgabe von 1931. Leipzig: Verlag Der Schelm 2015.

Graf, Jürgen: Der geplante Volkstod. 3., um ein aktuelles Nachwort erw. Aufl. Leipzig: Verlag der Schelm 2016.

Rosenberg, Alfred: Der staatsfeindliche Zionismus. Nachdruck der im Zentralverlag der NSDAP, Franz Eher Nachf., München 1938 ersch. 2. Aufl. Leipzig: Verlag Der Schelm 2016.

VERLAG LIBERGRAPHIX

Hackert, Wolfgang: Antigermanismus, Globalismus, Multikulti. Gröditz: libergraphix 2015.

MacDonald, Kevin B.: Der jüdische Sonderweg. Der Judaismus als evolutionäre Gruppenstrategie? Gröditz: libergraphix 2012.

Scharf, Johannes: Das Kreuz des Südens – Exodus aus Europa. Ein Zukunftsroman. Gröditz: libergraphix 2013.

Schindler, Michael G.: Ritterkreuzträger aus Sachsen 1939–1945. Die Inhaber der höchsten deutschen Tapferkeitsauszeichnung aus Sachsen in seinen politischen Grenzen von 1945. 3 Bde. Gröditz: libergraphix 2012—.

WINKELRIED VERLAG

Haas, Georg Ralph: Brände an der Oder. Kampf um Breslau. Dresden: Winkelried 2012 [Lizenzausgabe].

Hoffmann, Heinrich: Hitler wie ich ihn sah. Aufzeichnungen seines Leibfotografen. Dresden: Winkelried 2012 [Lizenzausgabe].

Irving, David: Adolf Hitler. Führer und Reichskanzler 1933–1945. Dresden: Winkelried 2004.

Kaden, Eric: Kurt Eggers. Vom Freikorps zur Waffen-SS. Dresden: Winkelried 2008 [2009 indiziert].

Weidinger, Otto: Tulle und Oradour. Die Wahrheit über zwei Vergeltungsaktionen der Waffen-SS. Coburg: Nation-Europa-Verl. 1999. Dresden: Winkelried 2006, 2013 [Lizenzausgabe].

ZEITREISEN VERLAG & AGENTUR

Darges, Fritz: Im inneren Kreis. Adjutant, Reisemarschall, Ritterkreuzträger. Bochum: ZeitReisen 2014 (Zeitzeugen berichten 4).

Diwald, Hellmut: Politischer Wille gegen historische Wahrheit. Bochum: ZeitReisen Verlag & Agentur 2015 [Hörbuch].

Fronterlebnisse. Hrsg. Von Alexander Losert. Bochum: ZeitReisen 2015 (Hochdekorierte Soldaten erinnern sich 1).

Mund, Rudolf J.: Der Rasputin Himmlers. Die Wiligut-Saga. Bochum: ZeitReisen 2011.

Post, Walter: Wollte Hitler den Krieg? Bochum: ZeitReisen 2009 [DVD, ohne Bestand in der DNB].

Reinhardt, Fritz: Die Beseitigung der Arbeitslosigkeit im Dritten Reich. Unter besonderer Berücksichtigung der Aufrüstung. Hrsg. und kommentiert von Ralf Wittrich. 3., stark erw. Aufl. Bochum: ZeitReisen 2010.

Schultze-Rhonhof, Gerd/Scheil, Stefan/Post, Walter: Wollte Hitler den Krieg? Bochum: ZeitReisen 2009.

1 Kristina Auer D-Manga. Der japanische Comic und seine deutsche Adaption. 2013. 142 S. 978-3-656-45418-2. **2 Charlotte Kempf** Antikenrezeption vor dem Hintergrund des Medienwechsels im 15. Jahrhundert. 2013. 52 S. 978-3-656-45098-6. **3 Katharina Liehr** Gemeinschaftliche Lektüre im Social Web. Untersuchungen zum Potenzial von Online-Leserunden für die Buchbranche. 2013. 212 S. 978-3-656-45080-1. **4 Svenja Lüll** Schreibschrift oder »Druckschrift«? Welche Schrift soll die Schule lehren? 2013. 56 S. 978-3-656-45076-4. **5 Julia Schaer** Die imaginäre Bibliothek in der Jugendliteratur. Wie die aktuellen Richtlinien realer Bibliotheken in »Harry Potter«, »Die Stadt der träumenden Bücher« und weiterer Werken berücksichtigt werden. 2013. 52 S. 978-3-656-45414-4. **6 Marisara Stecher** Das Buch im transmedialen Franchise. Transmedia Storytelling als Chance für Verlage. 2013. 56 S. 978-3-656-45090-0. **7 Verena Tesar** Online-Verleihmodelle. Wie Bibliotheken und andere Anbieter E-Books über das Internet verleihen können. 2013. 58 S. 978-3-656-45096-2. **8 Jessica Upmeier** Enhanced E-Books – ein neuer Produkttyp auf dem Buchmarkt. Vor- und Nachteile von EPUB 3 zur Umsetzung von Enhanced E-Books. 2013. 56 S. 978-3-656-45157-0. **9 Sarah Lisa Wierich** Typografie im Nationalsozialismus. Instrumentalisierung oder Zeiterscheinung? 2013. 68 S. 978-3-656-45092-4. **10 Elisabeth Windfelder** Das Buch als Werbemittel. Eine Analyse am Beispiel der McDonald's Kooperation 2012/13. 2014. 52 S. 978-3-656-58506-0. **11 Vanessa Roth** Annäherung an eine Ökobilanz von E-Books. 2014. 52 S. 978-3-656-58512-1. **12 Maike Söhner** Money Matters. Alternative Finanzierungsmethoden in der Buchbranche. 2014. 68 S. 978-3-656-58514-5. **13 Heidi Vetter** Alternate Reality Games als Marketinginstrument im Jugendbuchmarkt. 2014. 56 S. 978-3-656-58516-9. **14 Rebekka Zech** Konventionen in Wissenschaftskulturen. Texterschließende Merkmale wissenschaftlicher Publikationen aus den USA, der UdSSR, der DDR und der BRD. 2015. 92 S. 978-3-945883-00-6. **15 Katharina Laufs** Eigenständige Marktbearbeitung statt Lizenzvergabe? Neue Möglichkeiten für Verlage durch Internationalisierung des E-Book-Geschäfts. 2015. 124 S. 978-3-945883-02-0. **16 Sandra Duschl** Informieren, Inszenieren, Integrieren. Corporate Books als Instrumente nachhaltiger Unternehmenskommunikation. 2015. 104 S. 978-3-945883-04-4. **17 Kristin Lulei** E-Books kaufen, abonnieren, leihen? Eine Analyse auf Basis einer Konsumentenbefragung. 2015. 132 S. 978-3-9455883-06-8. **18 Anna Violetta Lex** Das Buch als Erinnerungsobjekt. 2015. 152 S. 978-3-945883-12-9. **19 Dörthe Fröhlich** Register und digitale Bücher. Problematik, Erstellung und Gebrauchswert. 2015. 51 S. 978-3-945883-15-0. **20 David Richter** Bedeutung und Funktion des Buches in literarischen Dystopien. Exemplarisch anhand George Orwells Nineteen Eighty-Four. 2015. 51 S. 978-3-945883-18-1. **21 Martin Steininger** Die Bedeutung von Kulturgütern in der Konsumgesellschaft. Das Buch als Wirtschaftsgut in der Massenkultur. Eine Standortbestimmung nach Walter Benjamin und Theodor W. Adorno. 2015. 41 S. 978-3-945883-21-1. **22 Angela Huber** Wozu Neuschnitte? Das Beispiel der Optima. 2015. 48 S. 978-3-945883-24-2. **23 Magdalena Schlosser** Leichenpredigten des Barock als Forschungsgegenstand. 2016. 51 S. 978-3-945883-27-3. **24 Felicitas Boos** Systemtheoretische Ansätze in der Buchwissenschaft. Idee, Stand der Diskussion, exemplarische Anwendungsbereiche. 2016. 73 S. 978-3-945883-32-7. **25 Nina Rubach** Open Innovation in der Buchbranche. Ein neues Konzept von Innovationen und sein Niederschlag bei Verlagen und Start-Ups. 2016. 58 S. 978-3-945883-35-8. **26 Charmaine Gamisch** Albatross Books. Ein Pionier des modernen Taschenbuchs. 2016. 84 S. 978-3-945883-38-9. **27 Sabrina Holitzner** Leseförderung in den Niederlanden. Am Beispiel der Stiftungen »Stichting Lezen«, »Stichting Lezen & Schrijven« und »Stichting Collectieve Propaganda van het Nederlandske Boek«. 2016. 113S. 978-3-945883-39-6. **28 Anna-Carina Blessmann** Kritik an Autorschaft und Literaturbetrieb am Beispiel ausgewählter Episoden der Serie »Die Simpsons«. 2016. 59 S. 978-3-945883-42-6. **29 Jaquelin Kathrin Matthes** Der aktuelle gesellschaftliche Wertekosmos und seine Spiegelung auf dem deutschen Buchmarkt. 2016. 100 S. 978-3-945883-45-7. **30 Sophia Meyer** Bibliotherapie. Eine aktuelle Bestandsaufnahme. 2016. 106 S. 978-3-945883-48-8. **31 Lisa Eckstein** Das ultimative Anti-E-Book? Der Roman S. – Das Schiff des Theseus von J. J. Abrams und Doug Dorst. 2017. 61 S. 978-3-945883-51-8. **32 Annedore Friedrich** Augmented Reality im Kinderbuch. Eine Rezeptionsanalyse von Leyo!, SuperBuch & Co. 2017. 146 S. 978-3-945883-54-9. **33 Emmelie Öden** Rechtsextreme Verlage in Deutschland. Eine aktuelle Bestandsaufnahme. 2017. 80 S. 978-3-945883-57-0. **34 Franziska Steuer** Soziologie 1900–1933. Eine junge Disziplin im Spiegel ihrer Verlage. 2017. 113 S. 978-3-945883-60-0. **INITIALEN**

Während der Rechtspopulismus immer mehr Raum in der tagesaktuellen Berichterstattung einnimmt, rückt zunehmend das Potenzial der unkontrollierbar scheinenden Sozialen Medien in den Fokus. Doch Vorfälle wie die im Frühjahr 2016 angekündigte, unkommentierte *Mein Kampf*-Ausgabe des neonazistischen Verlegers Adrian Preißinger zeigen, dass die rechtsextreme Medienlandschaft sich keineswegs nur auf die flüchtigen, elektronischen Formate konzentriert.

In der vorliegenden Studie untersucht Emmelie Öden Programm und Online-Präsenz von 19 im Jahr 2016 aktiven Verlagen, die sich verschiedenen Strömungen des rechtsextremen Spektrums zuordnen lassen. Die sachliche Bestandsaufnahme liefert einen Überblick über ein Segment des deutschsprachigen Buchmarkts, das sich größtenteils – aber nicht nur – abseits der etablierten Branchen-Netzwerke hält und dennoch über verschiedene Kanäle sehr aktiv ist.

Diese Publikation ist Teil der Reihe *Initialen*, in deren Rahmen herausragende Abschlussarbeiten der Mainzer Buchwissenschaft veröffentlicht werden.

ZER **BUCH**
WISSENSCHAFT

Josef Grünfeld

Zur Geschichte der Endoskopie und der endoskopischen Apparate

Antigonos